Extra Graphic Material From: www.freepik.com
Thanks to: Alekksall, Starline, Pch.vector, Rawpixel.com, Vectorpocket, Dgim-studio, Upklyak, Macrovector, Stockgiu, Pikisuperstar & Freepik.com Designers

This Book Comes With Free Bonus Puzzles
Available Here:

BestActivityBooks.com/WSBONUS20

5 TIPS TO START!

1) HOW TO SOLVE

The Puzzles are in a Classic Format:

- Words are hidden without breaks (no spaces, dashes, ...)
- Orientation: Forward & Backward, Up & Down or in Diagonal (can be in both directions)
- Words can overlap or cross each other

2) ACTIVE LEARNING

To encourage learning actively, a space is provided next to each word to write down the translation. The **DICTIONARY** allows you to verify and expand your knowledge. You can look up and write down each translation, find the words in the Puzzle then add them to your vocabulary!

3) TAG YOUR WORDS

Have you tried using a tag system? For example, you could mark the words which have been difficult to find with a cross, the ones you loved with a star, new words with a triangle, rare words with a diamond and so on...

4) ORGANIZE YOUR LEARNING

We also offer a convenient **NOTEBOOK** at the end of this edition. Whether on vacation, travelling or at home, you can easily organize your new knowledge without needing a second notebook!

5) FINISHED?

Go to the bonus section: **MONSTER CHALLENGE** to find a free game offered at the end of this edition!

Want more fun and learning activities? It's **Fast and Simple!**
An entire Game Book Collection just **one click away!**

Find your next challenge at:

BestActivityBooks.com/MyNextWordSearch

Ready, Set... Go!

Did you know there are around 7,000 different languages in the world? Words are precious.

We love languages and have been working hard to make the highest quality books for you. Our ingredients?

A selection of indispensable learning themes, three big slices of fun, then we add a spoonful of difficult words and a pinch of rare ones. We serve them up with care and a maximum of delight so you can solve the best word games and have fun learning!

Your feedback is essential. You can be an active participant in the success of this book by leaving us a review. Tell us what you liked most in this edition!

Here is a short link which will take you to your order page.

BestBooksActivity.com/Review50

Thanks for your help and enjoy the Game!

Linguas Classics Team

1 - Antiques

```
A  K  J  I  S  S  U  T  R  Ä  Ä  V  S  G  I  T
E  N  T  N  A  G  E  L  E  C  M  A  T  H  A  A
N  S  K  U  L  P  T  U  U  R  D  N  I  K  R  A
V  N  T  J  C  L  J  S  F  M  U  A  I  G  C  S
I  N  V  E  S  T  E  E  R  I  N  G  L  M  U  T
I  O  D  E  E  T  A  J  Q  F  K  W  B  Ö  U  A
T  U  L  O  B  T  K  U  N  S  T  H  S  Ö  V  M
A  B  D  K  I  L  I  R  A  H  A  B  E  B  H  I
R  S  W  S  F  N  P  L  U  R  D  V  V  E  A  N
O  R  A  J  U  G  O  K  A  E  I  O  O  L  E  E
K  I  U  O  W  D  D  M  U  V  A  W  B  E  H  M
E  A  E  N  V  T  N  Ü  L  A  K  P  H  K  T  D
D  N  I  H  Q  N  E  N  T  N  E  T  U  A  E  P
S  A  J  A  N  D  V  D  V  O  S  B  V  W  D  Y
C  C  Q  O  T  G  E  I  I  R  E  L  A  G  M  C
F  R  Z  Y  A  T  V  D  E  U  P  O  G  A  F  S
```

KUNST
OKSJON
AUTENTNE
SAJAND
MÜNDID
KOGUJA
DEKORATIIVNE
ELEGANTNE
MÖÖBEL
GALERII

INVESTEERING
EHTED
VANA
HIND
KVALITEET
TAASTAMINE
SKULPTUUR
STIIL
EBAHARILIK
VÄÄRTUS

2 - Food #1

```
O U Y Q B P R T W J P A S K A T
M D G L E K H Ä P A A M V A P U
A M R H D F D D S S F I I N R U
L K U A L S Ü Ü K I N I T E I N
P I N M S S O O L J D P B E K I
O L I I A I W M Q U D R L L O K
R I N G K O B K U C D Z U N O A
G I G J I G A U T C U T Y N S L
A S U H S R G N L S P I N A T A
N A D T A L A S K W P U V I Q G
D B Y S A Y V V J Z U L E C O N
T Y Z U M A S I A F S M T T W Z
I B U H N A E R I S T L B N P A
N Q H K U M W S M O W K W T I G
A O O U B C H J D E Y T I Z R Y
J S O R U I Y D Y V K Z N L N I
```

APRIKOOS   MAAPÄHKEL
ODRA   PIRN
BASIILIK   SALAT
PORGAND   SOOL
KANEEL   SUPP
KÜÜSLAUK   SPINAT
MAHL   MAASIKAS
SIDRUN   SUHKUR
PIIM   TUUNIKALA
SIBUL   NAERIS

3 - Measurements

```
T  N  S  M  M  A  R  G  M  M  L  L  A  A  K  E
P  W  D  A  A  R  K  G  D  Y  C  I  I  N  L  D
Y  I  B  S  U  V  A  G  Ü  S  C  I  Q  S  M  M
T  E  K  S  U  G  R  Õ  K  F  Z  T  N  I  P  J
O  Y  M  K  B  G  E  H  O  Q  P  E  I  S  U  I
N  Y  I  Y  U  T  F  O  J  Z  F  R  H  A  Q  G
N  E  A  D  E  S  H  T  U  H  P  J  V  A  B  N
U  N  T  S  R  W  K  I  L  O  M  E  E  T  R  I
T  O  L  L  K  I  L  O  G  R  A  M  M  U  D  R
S  E  N  T  I  M  E  E  T  E  R  L  F  I  O  I
W  M  E  E  T  E  R  H  L  M  J  A  K  G  Q  W
L  N  D  E  D  E  B  K  K  A  E  I  A  O  K  U
R  J  L  C  N  S  L  Y  J  O  I  U  B  D  Y  O
K  M  C  P  D  F  C  G  Z  N  M  S  K  V  C  V
S  L  L  P  D  R  M  I  N  U  T  A  Z  F  M  N
H  F  J  I  Z  L  I  Q  V  Y  T  G  U  Y  S  P
```

BAIT	PIKKUS
SENTIMEETER	LIITER
KOMA	MASS
KRAAD	MEETER
SÜGAVUS	MINUT
GRAMM	UNTS
KÕRGUS	PINT
TOLL	TONN
KILOGRAMM	KAAL
KILOMEETRI	LAIUS

4 - Farm #2

```
B R L A A M A N Y D A G P L T D
Y E B M M O E I J G I U U A U F
P I I M U D J I G D T H U M U P
K A R J A N E T L V T O V B L L
M Y Y T R V D A M O O L I A E B
W J P Q O K F M U S I N L L V F
M E S I T A R U A U T H J I E T
I U M W K T M C R I P R A H S N
G R D F A R A B D E S A D A K W
H N I K R A P L O V F I J L I E
U Q P S T P N R U W R D I L M W
N I I S U T U S S N M M W P I Z
P D L A M B A D Y U I D J K C V
N N G W D Z V C S W W K S B T H
K V F P O U Q W H D Y O H V Q N
W W D T A I B F P O M V A Q I V
```

LOOMAD   LAMBALIHA
ODRA   LAAMA
AIT   NIIT
MESITARU   PIIM
MAIS   VILJAPUUAED
PART   LAMBAD
TALUNIK   KARJANE
TOIT   TRAKTOR
PUUVILJAD   NISU
NIISUTUS   TUULEVESKI

5 - Books

```
L T G K T S E F L U G U J A M T
N U J D W R C M U O Y T T L K C
B W U B K S A K I R O O M U H B
C G B L Q J P A L E H T V U A A
C L V B E W Y B G I O Y O L U J
D U A A L S U S V I T M A E T A
J U T U S T A J A M L Z B T O L
K E S E N I L I P E E I E U R O
I I K B A S D U I M N Y N S J O
R K E I A N T E G F Q V I E E L
J G T T M E K Q G E O V M D K I
A I N M O B C K D U J N U H H N
L O O I R R Q G T N A A G O G E
I L K K I R J A N D U S O M I K
K F B Q E S E I K L U S K F V Z
S O V J S L E I D L I K D A V R
```

SEIKLUS
AUTOR
KOGUMINE
KONTEKST
DUAALSUS
EEPILINE
AJALOOLINE
HUMOORIKAS
LEIDLIK
KIRJANDUS

JUTUSTAJA
ROMAAN
LEHT
LUULETUS
LUULE
LUGEJA
LUGU
TRAAGILINE
KIRJALIK

6 - Meditation

```
H H G O Z F R H R S T A Z Q H T
H V T Y G V F O I H Y Q W L I Ä
J J T V Y U R D K N D B J S N H
E C K Y M C W T V U G J T Y G E
W M U U S I K A K V N C Ä C A L
H A R J U M U S E D A Z N U M E
T Z U W D H A E E E C I U J I P
K I L U H A R L I T M P M A N A
B A P E R S P E K T I I V N E N
Ä R A M T D E E I Õ D A C T E U
S R K S S D K M C M D F W N S L
E S K H T T Õ V U T S A V N I O
L F I V S U K I A V C U A Z F O
G G R U E E N O O I S T O M E D
U H A R Z L E N I M U K I I L U
S U D A E H E Z E L F Z N I I S
```

VASTUVÕTT

HEADUS

TÄHELEPANU

VAIMNE

ÄRKVEL

MEELES

HINGAMINE

LIIKUMINE

RAHULIK

MUUSIKA

SELGUS

LOODUS

KAASTUNNE

RAHU

EMOTSIOONE

PERSPEKTIIV

TÄNU

VAIKUS

HARJUMUSED

MÕTTED

7 - Days and Months

```
O R A O G P Q M Ä R T S L Q Z E
N K C F J N Ü V E E B R U A R S
N T T G T K N H D Y A C Q R E M
S V U O R A D S A T S A A K B A
D E P L O K Z R I P E A M A M S
O Ä C C R B Z V Z F Ä P C L E P
J P Y L P I E Y J O J E O E T Ä
A A R E E D E R G P K Z V N P E
U M A N E L J A P Ä E V E D E V
G L J N V E V V S J H E Ä E S S
U O I L U U J Y U U H Ä P R T A
S K H E I A B Y B K I P I Q W I
T U H F K M R C R T L U S K F T
N O V E M B E R H P Y A I U B K
K U U M U L D L Q B F L E Z M V
I Z A P R I L L A D Ä N T E L O
```

APRILL   NOVEMBER
AUGUST   OKTOOBER
KALENDER   LAUPÄEV
VEEBRUAR   SEPTEMBER
REEDE   PÜHAPÄEV
JAANUAR   NELJAPÄEV
JUULI   TEISIPÄEV
MÄRTS   KOLMAPÄEV
ESMASPÄEV   NÄDAL
KUU   AASTA

8 - Energy

```
V Q W K M G B V G Y P E Q T P J
A N T C V E E S S N S U M U U K
A D V N V D N O K K S E K T D A
F O O T O N S U T S O E R A S F
K Ü T U S K I N I S Ü S U F D K
N T E M N K I N I S E V A C G I
U U N N K D N H P S M O O T O R
U U I L T T U R B I I N B H Y U
E M L B S R W O R O O Q B Q W Y
N A I D O N O R T K E L E L O E
D U R T H N L O Y Ö C Y C C E W
A U T N M J K A P A Ö Z Z Z H D
V R K V G R I Q W I L S N U P H
K F E R L E Z J Y F A E T P D P
I L L U U T L F Q L M I E U Q V
Z N E D I I S E L J C Y Z A S Q
```

AKU	VESINIK
SÜSINIK	TÖÖSTUS
DIISEL	MOOTOR
ELEKTRILINE	TUUMA
ELEKTRON	FOOTON
ENTROOPIA	REOSTUS
KESKKOND	UUENDAV
KÜTUS	AUR
BENSIIN	TURBIIN
KUUMUS	TUUL

9 - Archeology

```
M  R  E  L  I  I  K  V  I  A  N  R  O  E  T  W
J  Õ  T  E  M  P  E  L  L  U  U  D  D  K  T  I
J  O  I  E  N  S  B  C  I  A  N  N  Z  S  E  W
U  E  T  S  H  E  N  D  I  I  O  O  H  P  H  J
O  O  E  Ü  T  N  B  U  H  K  S  K  F  E  I  Ä
G  T  C  Ü  O  A  I  A  A  E  B  S  G  R  N  R
M  S  C  L  L  T  H  N  R  E  E  O  T  D  E
G  A  T  A  M  D  O  U  O  A  V  E  R  F  A  L
A  J  U  N  A  A  A  S  S  A  N  M  F  I  M  T
J  A  G  A  Y  E  O  L  L  M  W  G  I  K  I  U
A  K  I  W  P  T  T  F  F  I  H  E  W  J  N  L
S  I  I  Y  P  F  K  T  Q  K  W  L  A  S  E  I
T  I  D  L  J  I  D  V  D  A  V  J  J  Q  P  J
U  T  Q  O  L  O  B  J  E  K  T  I  D  B  T  A
C  N  L  V  F  U  T  U  N  D  M  A  T  U  N  C
R  A  K  O  O  O  D  U  N  U  S  T  A  T  U  D
```

ANALÜÜS	KILLUD
IIDNE	MÕISTATUS
ANTIIKAJAST	OBJEKTID
LUUD	KERAAMIKA
JÄRELTULIJA	RELIIKVIA
AJASTU	TEADLANE
HINDAMINE	MEESKOND
EKSPERT	TEMPEL
UNUSTATUD	HAUD
FOSSIIL	TUNDMATU

10 - Food #2

```
B T B I C Z V H S Z S G Y A K E
C O L B F Q P I S K I S P U I T
B M K R A N U M I Q N E E S I Q
P A E L J N C S D N K L W J V N
C T V O U I A E H Z A W P C I V
U V H D U M Z A P H J M P I B S
K A L A S K Õ B N T B J A C K T
Z I V I T U U N A S G I W R M Y
S E L L E R N D V K C I Y D J K
S J O G U R T A Z F L B S T C A
R P R D E T Q A S S E A L Z I Z
I T I N Q J N L I I F U Ž N P M
K Y A N A K K O Š I T R A A G G
I T P I L O K K O R B K D I A L
Z B C S U G I O B I B K P A W N
L C C U V K W Š K B G W S G Y W
```

ÕUN	BAKLAŽAAN
ARTIŠOKK	KALA
BANAAN	VIINAMARJA
BROKKOLI	SINK
SELLER	KIIVI
JUUST	SEEN
KIRSS	RIIS
KANA	TOMAT
ŠOKOLAAD	NISU
MUNA	JOGURT

11 - Chemistry

```
R U B E D N I K A N A E Y A K T
S G S Z H I O A Y E G W Z Q A Z
G E M A O P O A E E A I Z Y S N
M Ü Ü S N E N L H A P N I K N S
A O J R O T A A S Ü L A T A K Ü
A P L L R L W C V Q F L H E I S
T C D E T E M E O L D E W H N I
O I N H K I L E D E V E R B I N
M F Q B E U T U U M A L O N S I
I C N W L A L R D H P I G H E K
B V K I E H S A H R K S P D V I
O R G A A N I L I N E U K O G U
C T E M P E R A T U U R U O P V
G A A S W N S O O L S I U M N B
K L O O R D Y A V B A L Y S U V
I Z A L K L S Z A V V M L B C S
```

HAPE	VESINIK
LEELIS	IOON
AATOMI	VEDELIK
SÜSINIK	MOLEKUL
KATALÜSAATOR	TUUMA
KLOOR	ORGAANILINE
ELEKTRON	HAPNIK
ENSÜÜM	SOOL
GAAS	TEMPERATUUR
KUUMUS	KAAL

12 - Music

```
S  M  U  U  S  I  K  G  J  M  P  K  T  S  G  H
A  E  K  M  O  C  I  H  O  P  Q  D  O  B  Q  A
L  K  R  I  O  V  E  A  J  L  U  A  L  O  J  R
V  L  M  K  P  B  N  R  M  T  D  A  A  B  R  M
E  E  E  R  E  G  I  M  T  Ü  R  L  A  M  E  O
S  K  L  O  R  Q  L  O  I  C  G  L  K  U  F  O
T  T  O  F  E  E  A  O  G  L  Z  A  O  U  L  N
A  I  O  O  N  N  K  N  Q  P  O  B  V  S  A  I
M  L  D  N  I  I  I  I  A  L  B  U  M  I  U  A
I  I  I  Y  L  L  S  L  L  J  E  Z  O  K  L  L
N  N  A  Q  I  I  S  I  I  Y  E  E  M  A  M  Z
E  E  G  K  M  R  A  N  I  T  J  K  Z  L  A  P
W  K  R  T  T  Ü  L  E  C  S  E  S  V  I  S  A
B  T  V  S  Ü  Ü  K  A  C  T  H  E  D  N  S  I
F  V  T  W  R  L  Q  E  Q  N  F  H  O  E  P  U
T  W  H  Z  D  U  D  D  V  F  N  I  E  P  S  D
```

ALBUM
BALLAAD
KOOR
KLASSIKALINE
EKLEKTILINE
HARMOONILINE
HARMOONIA
LÜÜRILINE
MELOODIA
MIKROFON

MUUSIKALINE
MUUSIK
OOPER
POEETILINE
SALVESTAMINE
RÜTM
RÜTMILINE
LAULMA
LAULJA
VOKAAL

13 - Family

```
A N Z V I G Z F R Z A L C E W O
S Y C V E N N A T Ü T A R V E H
I C O B D A B I K A A S A F E G
E O P P Õ E I C F R S O H M Z E
I S A G Y B T S E S I V A N E M
P W L E H C D U Q E A Z L J J L
O Z E O Y I N Õ B U N H M O J T
J H L P O Y E U A U A I U K N Ä
A K T A E P V G Q I V L A P S D
P O H N C E A C W V Y K W N R I
O N E N T H P S N T R K K T F L
E U B E V H T B I N Q T Ü T A R
G D P V U C L A P S E L A P S F
L A P S E D L A P S E P Õ L V K
A D P W A F Q T F R V A F Q K D
O O Y J M U W U C N P I I W C U
```

ESIVANEM   VANAISA
TÄDI   POJAPOEG
VEND   ABIKAASA
LAPS   EMA
LAPSEPÕLV   VENNAPOEG
LAPSED   VENNATÜTAR
NÕBU   ISAPOOLSE
TÜTAR   ÕDE
ISA   ONU
LAPSELAPS   NAINE

14 - Farm #1

```
L E S E E M S S A K U M I Z Z P
E K A N A E E T B U K O E H P Õ
H H E I N S E D U O Y K O S O L
M V C S K I M C S G Q H R E I L
H G F E O L N T N D P G O R V U
P O F V E A E A G M D P Y A K M
T P B M R N D R K P S Õ V V U A
Q Q K U H E C A Q I M L Ä Z Y J
L Z V P N D N W S G T D E R O A
E S S O E M U S D Z S T B F N
R R K G S F G Y B G N A I I J D
A L L E I I C G I L G K S N V U
R I I S I O O E L H F I O Q L S
A I H L P R B Z L M I S M B J F
Y V V W B B I R M E V A I Y T H
E I H I I Q W D O C U V K E C F
```

PÕLLUMAJANDUS
MESILANE
PIISON
VASIKAS
KASS
KANA
LEHM
VARES
KOER
EESEL

TARA
VÄETIS
PÕLD
KITS
HEIN
MESI
HOBUNE
RIIS
SEEMNED
VESI

15 - Camping

```
K  I  I  K  K  R  Õ  V  W  W  V  S  R  B  M  Y
A  I  S  Z  T  U  L  E  K  A  H  J  U  I  B  D
A  M  B  Q  H  H  K  W  S  Z  F  Z  O  T  U  M
R  Q  T  Q  A  U  O  W  H  H  D  A  M  O  O  L
T  G  K  D  J  L  M  N  H  V  V  R  Ä  J  J  Q
K  A  N  U  U  M  P  J  H  B  J  G  G  A  B  E
Q  K  J  U  K  U  A  G  L  P  S  I  I  U  L  K
M  W  I  P  K  E  S  W  O  H  U  T  A  G  R  P
T  F  D  C  I  Ö  S  S  O  G  L  T  I  D  L  L
R  K  Y  U  J  E  I  M  D  W  K  S  U  W  S  Õ
S  A  L  O  N  G  I  S  U  M  I  Z  L  K  E  B
T  T  T  D  O  T  D  J  S  N  E  L  A  Q  A  U
Ü  P  E  T  E  L  K  T  N  Z  S  W  L  C  B  S
M  E  W  M  J  N  C  L  D  J  D  W  D  K  J  W
K  O  I  H  I  K  Q  J  E  E  N  S  G  T  Y  G
K  H  M  B  O  I  R  J  B  A  N  Y  E  K  U  U
```

SEIKLUS
LOOMAD
SALONGI
KANUU
KOMPASS
TULEKAHJU
METS
LÕBU
VÕRKKIIK
MÜTS

JAHT
PUTUKAS
JÄRV
KAART
KUU
MÄGI
LOODUS
KÖIS
TELK
PUUD

16 - Algebra

```
J  P  O  H  F  L  F  R  A  K  T  S  I  O  O  N
R  B  R  I  B  Y  I  K  F  I  G  O  T  H  C  S
S  S  U  W  R  J  F  N  U  F  E  L  P  L  L  L
C  K  R  A  J  O  O  N  E  A  U  M  V  H  E  B
Q  I  E  E  D  G  Y  L  U  A  J  U  T  U  U  M
A  R  V  E  N  L  H  E  Y  R  A  E  E  O  T  E
R  T  Õ  K  M  P  U  Y  E  G  R  R  H  S  A  L
V  A  R  V  S  E  N  V  A  L  E  G  N  M  M  A
V  A  R  N  U  L  L  I  Q  U  V  Y  Y  E  P  V
W  M  A  T  N  E  N  O  P  S  K  E  V  E  Õ  J
O  A  N  M  E  N  I  M  A  T  U  H  A  L  L  P
O  Z  D  J  A  G  K  U  S  E  C  C  Y  B  F  Q
S  I  C  N  W  S  U  D  N  E  H  A  L  O  W  Z
E  K  W  H  W  Q  G  R  V  H  B  F  H  R  P  A
B  Z  D  J  W  C  S  T  K  A  T  N  Y  P  F  D
L  I  H  T  S  U  S  T  A  M  A  L  U  C  J  P
```

SKEEM	LINEAARNE
RAJOON	MAATRIKS
VÕRRAND	ARV
EKSPONENT	SULG
TEGUR	PROBLEEM
VALE	LIHTSUSTAMA
VALEM	LAHENDUS
FRAKTSIOON	LAHUTAMINE
GRAAFIK	MUUTUJA
LÕPMATU	NULL

17 - Numbers

```
N  R  R  K  Q  W  C  R  E  U  L  B  T  Ü  B  A
Ü  E  M  M  Ü  K  P  K  N  H  S  N  S  K  A  K
K  H  L  K  J  F  F  N  P  Y  U  F  I  S  R  F
K  U  E  I  K  A  H  E  K  S  A  T  E  I  S  T
A  S  U  K  T  F  F  M  V  H  K  S  T  L  K  M
K  V  T  S  S  E  K  O  M  A  O  I  M  E  A  O
S  I  V  K  T  A  I  U  Z  E  L  E  L  N  H  I
K  I  D  N  D  E  F  S  A  P  M  T  O  S  E  B
Ü  S  D  M  T  S  I  E  T  S  K  A  K  E  K  Y
M  T  K  U  U  S  B  S  B  W  N  S  Q  I  S  V
M  E  B  F  J  R  E  Q  T  Y  G  K  M  T  A  I
E  I  J  T  J  R  K  T  R  Y  B  E  E  S  Q  I
N  S  P  D  T  Q  U  P  V  M  R  H  R  E  Q  S
D  T  A  D  Z  N  D  P  M  T  M  Ü  J  K  U  V
A  Y  S  K  S  E  I  T  S  E  T  E  I  S  T  I
R  O  T  Z  R  R  G  B  H  L  A  Z  D  H  Y  H
```

KOMA	SEITSE
KAHEKSA	SEITSETEIST
KAHEKSATEIST	KUUS
VIISTEIST	KUUSTEIST
VIIS	KÜMME
NELI	KOLMTEIST
NELITEIST	KOLM
ÜHEKSA	KAKSTEIST
ÜHEKSATEIST	KAKSKÜMMEND
ÜKS	KAKS

18 - Spices

```
A V Q W Q I J Z S J E Z U K K C
A P T E E G I T I L L J I Y A Y
M I D V J P K N O E O G T N R N
U K A N E E L Ü C L O T U G D M
S K H A B S A U Ü A S R R O E P
K O H R I U T K I S I I N A M B
A R E F K G T I D I L K B M O Q
A I I A P A N I A R U A L U N K
T A A S Z M Z N S M S D U U L A
P N G O S H N G F Z V B Z K T R
Ä D F R M E T V P A P R I K A R
H R Z E P W D E N M Ö Ö K T C I
K I D Y S K Y R Q J H N D I G V
E L A M B A L Ä Ä T S E J L O W
L W P V A N I L L P Z L H B N B
F C N O Q V H B V L S K L R G O
```

ANIISI	MAITSE
KIBE	KÜÜSLAUK
KARDEMON	INGVER
KANEEL	MUSKAATPÄHKEL
NELK	SIBUL
KORIANDRI	PAPRIKA
KÖÖMNED	SAFRAN
KARRI	SOOL
APTEEGITILL	MAGUS
LAMBALÄÄTS	VANILL

19 - Universe

```
Q M D T W T G E O N P P G A A V
P V A A L R C K V F O Ö A S S P
R B A E A U D Q V Q O Ö L T T T
U P R V Y C U G U G L R A E R A
K U K A J Y N N G C K I K R O T
W U S S U D E M I P E P T O N M
N B U A Z D T S O O R Ä I I O O
Ä D I B O K A V K O A E K D O S
H V A Z D V E H O K N V A N M F
T O L Z I L V O S S P O S C I Ä
A N R W A C A R M E Ä P R S A Ä
V B Q B C U L I I L I K O T G R
A O V T I J I S L E K H K C S A
P O N R L I K O I T E O B M Y A
F L Y N G T T N N P S S K H Q A
N W Z D Z M T T E O E P O P M B
```

ASTEROID	HORISONT
ASTRONOOM	LAIUSKRAAD
ASTRONOOMIA	KUU
ATMOSFÄÄR	ORBIIT
TAEVALIK	TAEVAS
KOSMILINE	PÄIKESE
PIMEDUS	PÖÖRIPÄEV
EON	TELESKOOP
GALAKTIKA	NÄHTAV
POOLKERA	ZODIAC

20 - Mammals

```
N C A D P M L Z T K R O Y S O P
H O B U N E G G L W O E Q U J N
K Ä N G U R U P U L L I B H W P
A L L I R O G H U N T V O A N Y
J T Y U A Z T J G I W Õ P T N A
R V D C K G N O V I G L U N T E
I H A R Y E E K O E R S S A K O
K A B A F T K T S D E G R V O L
L W M Z L Q Ü Y J H S S D E B O
E E A W F Z Ü K K Z M Q K L R T
A Y L C Q J L L W G I B A E A Y
K N F J U N I I F L E D S W S K
I U P O F C K A N V W Q S U B W
O B V N K T Z M H F D W P J M K
S E B R A L D Y Q Q J Z S K E I
D R I W Y J O U B J S W C A Y A
```

KARU	GORILLA
KOBRAS	HOBUNE
PULL	KÄNGURU
KASS	LÕVI
KOIOTT	AHV
KOER	KÜÜLIK
DELFIIN	LAMBAD
ELEVANT	VAAL
REBANE	HUNT
KAELKIRJAK	SEBRA

21 - Bees

```
P H B Q L K M P H G J Z T M K U
U I H J G I M E M Q D E M I A T
T S C W S A L E S T I U S T S K
U F W N O P K L M I U A P M U Z
K G D N J U U Q E Y B J Ä E L F
A H A V T L N K E D E A I K I S
S K N J S E I V T A C D K E K Q
P P T Z E W N N S J K L E S J N
S Ü L E M S G J Ü L S E K I R T
W J Y E J U A H S I Õ M J S Y W
J D Z N E J N T O V R L L U J Z
K A A U B K N L K U A O N S G Y
C N B T J U A O Ö U I T M T C M
C V K Z O R S M J P D F E A Z S
J G R C Y I Õ I E T O L M R C M
G P Z B F M T B N N S V C U F N
```

KASULIK
ÕIS
MITMEKESISUS
ÖKOSÜSTEEM
LILLED
TOIT
PUUVILJAD
AED
ELUPAIK
TARU

MESI
PUTUKAS
TAIMED
ÕIETOLM
TOLMELDAJA
KUNINGANNA
SUITS
PÄIKE
SÜLEM
VAHA

22 - Weather

```
J  V  W  K  O  B  F  K  Q  V  P  U  U  N  A  N
Y  L  W  N  Q  I  T  D  U  I  S  O  U  A  T  P
T  A  E  V  A  S  C  U  Y  I  L  Q  Q  T  I  M
T  P  E  P  O  R  Q  Õ  K  V  V  M  U  M  Y  P
H  E  Q  T  R  O  O  P  I  L  I  N  E  O  M  Z
G  N  M  K  N  Y  L  D  Z  I  B  A  D  S  B  S
G  R  R  P  U  K  U  S  G  P  V  W  W  F  F  G
Q  A  O  Q  E  E  H  V  K  S  P  E  V  Ä  T  Z
Y  A  T  D  T  R  E  O  B  I  E  U  O  Ä  O  U
U  L  C  F  I  D  A  K  L  I  I  M  A  R  V  Z
A  O  Y  J  Ä  Ä  M  T  U  Ä  R  Y  S  Y  Ä  H
N  P  L  N  O  O  S  S  U  M  I  E  J  G  L  G
T  O  R  N  A  A  D  O  D  U  I  K  M  J  K  U
T  I  U  P  H  Y  S  S  U  C  R  A  E  L  P  W
O  R  K  A  A  N  V  I  K  E  R  K  A  A  R  Q
I  M  E  L  I  H  T  N  E  T  U  U  L  S  J  G
```

ATMOSFÄÄR	MUSSOON
IMELIHTNE	POLAARNE
KLIIMA	VIKERKAAR
PILV	TAEVAS
PÕUD	TORM
KUIV	TEMPERATUUR
UDU	ÄIKE
ORKAAN	TORNAADO
JÄÄ	TROOPILINE
VÄLK	TUUL

23 - Sport

```
L K H K T V U F T L K U C R J L
D I R V G Õ J E B S O C M C A O
S Z H P T I U S O F W J M A L C
U G E A B M M P K O N C A J G M
V Q G K S E A R E N E E R T R E
A J R G O E T P H H V N G E A T
D L N W A R D F A O A D O K T A
I I S Y M R M R P S I V R E T B
P K E N I M I S T N A T P K A O
U M U E T O I T U M I N E W S O
T L O R T R O P S S E W N F Õ L
S S U V E G U T S S R E O C I N
A H O U S Ö R K I M I N E T T E
V I H A D I R E E M I S K A M G
V E R E S O O N K O N N A G M Z
E B G S P O R T L A N E J N D Q
```

VÕIME
SPORTLANE
KEHA
LUUD
VERESOONKONNA
TREENER
JALGRATTASÕIT
TANTSIMINE
DIEET
VASTUPIDAVUS

TERVIS
SÖRKIMINE
MAKSIMEERIDA
METABOOLNE
LIHASED
TOITUMINE
PROGRAMM
SPORT
TUGEVUS
UJUMA

24 - Restaurant #2

```
K E V T W J C M K N F P U Y C M
K Ö K O O K Z K U F M Q C H A Z
Z Z Ö G D I D R E N L E K F M E
I T L G D S A L A T A L A K H V
B E M J I E J S C W N D D B M L
S A K U L V L Z O A U I G B S N
M J A U D G I Z O O Õ S B H M R
C Y H J U B V L V G L T L M O G
Y G V O U R U P J S J R J Ä Ä J
N W E C N Q U H Z A Z Ü K A A Y
D Z L V L S P L P K D V I D Z T
M A I T S E V F L I F W G A L Z
F P U U L F A A U S V Z M H D K
O Y Q B W P Y S T U Z N U D S F
B Õ H T U S Ö Ö K L I S U P P E
J O O K H O N N H C A B T O O L
```

JOOK	LÕUNA
KOOK	NUUDLID
TOOL	SALAT
MAITSEV	SOOL
ÕHTUSÖÖK	SUPP
MUNAD	VÜRTSID
KALA	LUSIKAS
KAHVEL	KÖÖGIVILJAD
PUUVILJAD	KELNER
JÄÄ	VESI

25 - Geology

```
T  G  R  O  R  H  T  U  L  B  N  O  A  Z  D  Q
S  F  V  P  Y  I  Z  T  F  F  R  L  Y  E  U  D
Ü  D  K  F  A  C  Z  P  K  A  L  T  S  I  U  M
K  M  Z  H  J  E  N  V  U  D  B  C  O  H  G  K
L  M  V  T  Q  P  I  H  L  I  E  G  F  E  T  O
I  M  E  G  H  N  V  E  A  L  P  G  Z  T  R  N
T  F  O  S  S  I  I  L  V  L  A  O  I  I  B  T
U  U  F  T  F  R  K  L  A  A  H  R  N  I  B  I
F  D  D  R  D  Ä  P  L  A  T  O  O  O  T  F  N
G  M  U  A  M  V  G  O  S  S  N  I  O  K  S  E
Z  E  O  V  E  A  A  O  M  I  N  D  I  A  P  N
Q  K  I  K  K  A  B  S  Y  R  A  E  S  L  A  T
W  J  N  S  B  M  Z  Y  A  K  V  A  O  A  L  Q
W  B  Q  W  E  K  O  O  B  A  S  N  R  T  V  P
D  I  L  A  A  R  E  N  I  M  P  Y  E  S  G  B
V  U  L  K  A  A  N  M  K  B  U  F  L  L  C  Z
```

HAPE	GEISER
KALTSIUM	LAVA
KOOBAS	KIHT
KONTINENT	MINERAALID
KORALL	PLATOO
KRISTALLID	KVARTS
TSÜKLIT	SOOL
MAAVÄRIN	STALAKTIIT
EROSIOON	KIVI
FOSSIIL	VULKAAN

26 - House

```
B  T  U  O  T  Q  E  W  R  Z  W  D  C  Q  T  Y
H  H  S  T  A  Q  Z  A  H  P  M  R  G  G  J  K
U  R  I  B  R  D  B  R  M  Š  Š  U  D  U  Q  D
B  K  P  E  A  L  A  M  P  A  L  G  E  U  H  T
O  A  C  I  K  G  V  J  U  I  H  O  A  B  U  T
N  T  A  Q  O  C  P  B  G  P  L  K  N  S  S  L
K  U  E  T  M  V  Q  D  E  V  Z  U  E  K  F  E
Y  S  C  I  V  G  U  G  N  M  Z  T  Q  B  T  B
O  K  C  T  Õ  D  A  N  I  D  R  A  K  I  M  Ö
F  U  M  D  T  D  H  R  E  L  E  M  O  R  U  Ö
K  F  J  K  M  H  W  A  A  G  D  A  C  O  I  M
U  A  T  N  E  K  A  Z  M  A  I  A  M  T  J  L
Q  L  M  H  D  N  A  R  Õ  P  Ž  R  M  R  A  F
G  W  J  I  P  E  E  G  E  L  L  N  J  S  J  S
H  T  G  K  N  I  E  S  F  K  Ö  Ö  K  N  A  J
M  S  P  F  L  P  Ö  Ö  N  I  N  G  F  W  E  V
```

PÖÖNING   VÕTMED
LUUD   KÖÖK
KARDINAD   LAMP
UKS   RAAMATUKOGU
TARA   PEEGEL
KAMIN   KATUS
PÕRAND   TUBA
MÖÖBEL   DUŠŠ
GARAAŽ   SEIN
AED   AKEN

27 - Physics

```
W  I  B  I  B  Y  G  U  N  G  M  O  T  A  A  U
H  V  V  U  Z  M  R  P  O  R  A  H  W  K  S  N
W  Q  T  H  K  P  Y  V  R  K  G  K  L  M  N  I
B  V  H  P  T  P  J  R  T  V  N  G  R  E  H  V
S  A  G  E  D  U  S  B  K  K  E  M  A  R  M  E
K  E  E  M  I  L  I  N  E  I  T  O  D  A  G  R
V  K  M  K  E  H  R  B  L  I  I  O  I  E  S  S
J  A  D  S  Q  L  I  C  E  R  S  T  C  O  U  A
M  S  H  K  C  U  A  W  J  E  M  O  I  S  D  A
H  O  O  F  P  K  Q  V  T  N  D  R  K  U  E  L
E  D  P  U  U  E  W  E  O  D  S  R  A  R  H  N
I  S  U  S  I  L  E  T  H  U  S  A  O  I  I  E
T  U  U  M  A  O  M  Q  M  S  R  O  S  I  T  M
D  U  C  I  O  M  M  E  H  A  A  N  I  K  A  A
L  A  I  E  N  E  M  I  N  E  G  B  S  A  T  S
H  C  B  V  I  E  E  P  H  N  U  B  Q  B  D  S
```

KIIRENDUS
AATOM
KAOS
KEEMILINE
TIHEDUS
ELEKTRON
MOOTOR
LAIENEMINE
VALEM
SAGEDUS

GAAS
MAGNETISM
MASS
MEHAANIKA
MOLEKUL
TUUMA
OSAKE
SUHTELISUS
UNIVERSAALNE
KIIRUS

28 - Shapes

```
H M W B S P I L L E B T B Q K R
H Ü Z M Y B Ü K H T Y K Z A Õ I
P M P I R S T R A A K Y L I V D
Q E S E K I L D A V R E S S E A
G S V O R Q S H M M A G N I R I
D K Q Z U B O T M F I V H L Q W
R Z J N N T O B K H O I O I M K
Q J D V K C R O U Ü W E D N K E
K W I V L Y G M L N L L D D U R
P S K R U N M L O K I I G E U A
I O L J H B F L O Q J B K R B Y
J P R I S M A H P M B W R W I P
K O O N U S S D B Q T U U R K V
O V A A L H H K H L N U N S V J
P L I D C R V O K L J S I N T B
I H Q Q F M I H D Y M G Q D N R
```

KAAR

RING

KOONUS

NURK

KUUBIK

KÕVER

SILINDER

SERVAD

ELLIPS

HÜPERBOOL

RIDA

OVAAL

HULKNURK

PRISMA

PÜRAMIID

RISTKÜLIK

POOL

KERA

RUUT

KOLMNURK

29 - Scientific Disciplines

```
M E H A A N I K A F P L J P R A
I M M U N O L O O G I A U L G K
E A S O T S I O L O O G I A D V
A I M E E K O I B G B J B S D Z
D M E P K S U D A E T E L E E K
B O T A A N I K A O Q L B Z W A
L O Y K E E M I A L Y U I O U I
W T S J C P J M Z O L T O O J G
N A I H A Z N S V O Q G L L U O
T N B Q Q H L D L G S K O O Y O
G A V M A C E E Z I F P O O P L
Ö K O L O O G I A A N G G G Y O
A S T R O N O O M I A K I I O E
P S Ü H H O L O O G I A A A G H
F Ü S I O L O O G I A Z B O U R
E F S M E T E O R O L O O G I A
```

ANATOOMIA
ARHEOLOOGIA
ASTRONOOMIA
BIOKEEMIA
BIOLOOGIA
BOTAANIKA
KEEMIA
ÖKOLOOGIA
GEOLOOGIA

IMMUNOLOOGIA
KEELETEADUS
MEHAANIKA
METEOROLOOGIA
FÜSIOLOOGIA
PSÜHHOLOOGIA
SOTSIOLOOGIA
ZOOLOOGIA

30 - Science

```
M R A S K U S H W W S A V H M K
O I G D V M R E Ü S U F B M N A
T T N P O L S K J P D O H B Q T
A E D E S E K A S O O M I L Z S
A A I N R V W P C E O T Q J M E
Z D L I L A R Q N E L Q E Z S P
U L U L Q P A O M E D L F E R Y
N A K I F M L L K L I I M A S W
D N E M K S U H I F Ü Ü S I K A
C E L E J I N O U D Y T F O K S
B B O E C N F C D E M D N A V K
K M M K L A B O R M P O A L K O
S V N N A G S E C I O T Z V I T
Y O U M C R I K K A E E T O E H
L I I S S O F W G T J E K Y J U
E V O L U T S I O O N M J Z U J
```

AATOM	LABOR
KEEMILINE	MEETOD
KLIIMA	MINERAALID
ANDMED	MOLEKULID
EVOLUTSIOON	LOODUS
KATSE	ORGANISM
FAKT	OSAKESED
FOSSIIL	FÜÜSIKA
RASKUS	TAIMED
HÜPOTEES	TEADLANE

31 - Beauty

```
I  C  P  W  Y  J  E  H  Y  W  K  E  S  Q  N  E
P  J  M  G  C  Y  O  Q  Y  K  O  L  T  H  Y  L
D  O  S  O  H  J  V  Õ  L  U  S  E  I  H  F  E
Õ  B  Y  B  Z  S  B  J  H  V  M  G  L  U  N  G
L  M  B  P  F  O  I  C  F  T  E  A  I  U  R  A
I  L  P  Z  Š  O  Z  L  E  S  E  N  S  L  J  N
D  I  U  M  Š  K  T  N  Q  I  T  T  T  E  U  T
D  L  A  C  U  O  T  O  V  N  I  S  A  P  L  N
I  L  J  P  T  P  O  O  G  D  K  D  R  U  G  E
K  H  A  N  E  E  O  P  V  E  A  S  M  L  W  A
O  Ä  F  S  M  E  T  M  I  A  E  U  U  K  W  G
L  R  Ä  V  S  G  E  A  O  T  R  N  E  K  L  A
O  V  M  R  P  E  D  Š  M  I  P  O  N  I  C  T
Q  C  T  Ä  I  L  T  L  U  L  B  R  O  E  G  R
G  K  W  V  R  D  E  S  U  N  E  E  T  M  P  O
Q  T  I  M  M  Q  V  I  Q  O  C  N  U  S  F  J
```

VÕLU	RIPSMETUŠŠ
VÄRV	PEEGEL
KOSMEETIKA	ÕLID
LOKID	FOTOGEENNE
ELEGANTS	TOOTED
ELEGANTNE	KÄÄRID
AROOM	TEENUSED
ARMU	ŠAMPOON
HUULEPULK	NAHK
MEIK	STILIST

32 - To Fill

```
H  S  S  P  N  R  K  Q  K  D  V  M  D  K  C  H
M  R  P  U  F  N  B  Y  F  L  I  H  U  T  L  L
P  N  C  D  T  A  S  P  I  Q  A  O  Y  D  L  A
H  D  C  E  N  U  L  K  O  T  T  E  K  A  P  E
V  I  L  L  E  T  H  A  S  S  S  P  U  J  Y  V
B  A  I  B  R  Y  G  O  G  A  U  A  Q  E  E  B
P  A  N  N  Ü  T  D  O  H  K  A  V  K  M  H  J
U  U  V  N  T  I  C  C  U  N  K  C  F  B  I  O
Y  I  R  V  A  E  T  B  V  Ü  R  K  J  P  U  W
D  R  K  K  V  A  A  S  B  M  G  V  A  T  F  P
I  I  O  J  G  W  M  L  S  B  I  F  Ä  W  D  S
H  V  H  G  T  S  I  Q  R  R  B  Z  M  M  Z  B
Q  D  V  V  Y  A  A  V  J  D  I  Z  O  B  U  O  O
V  R  E  Y  S  L  O  O  S  K  E  K  E  Z  L  I
M  P  R  A  K  V  T  O  R  U  Z  V  R  O  K  P
T  O  P  D  U  E  B  Y  P  Y  V  I  N  G  J  F
```

KOTT	KAUSTA
TÜNN	PURK
KORV	PAKET
PUDEL	TASKU
KAST	KOHVER
ÄMBER	SALV
KARP	VANN
KASTI	TORU
SAHTEL	VAAS
ÜMBRIK	LAEV

33 - Clothes

```
E  H  T  E  D  I  S  K  Ü  P  J  J  W  S  K  K
K  I  N  D  A  D  A  S  K  E  T  E  O  K  L  I
K  L  E  I  T  P  I  D  Ž  A  A  M  A  P  V  N
Y  O  V  Z  B  B  Q  I  N  U  P  B  Z  M  E  G
O  F  B  H  I  V  C  L  I  K  I  L  E  E  S  A
M  A  V  Ö  Ö  T  L  A  G  F  R  E  U  D  I  K
M  O  O  D  U  Z  R  A  L  H  U  T  H  U  Z  A
W  O  F  O  H  J  K  D  F  Q  R  N  C  U  S  M
D  Y  Y  R  Y  F  N  N  M  F  S  A  C  B  Q  P
S  M  G  T  W  M  V  A  Ü  U  Ä  M  V  P  T  S
Z  N  M  G  P  F  C  S  T  B  R  P  V  L  D  U
M  F  S  C  Q  K  W  O  S  W  K  Õ  Q  S  O  N
P  N  P  D  J  M  I  C  I  I  U  F  V  P  P  M
M  T  Õ  P  E  K  D  B  J  Q  I  O  E  E  N  Z
S  F  L  G  C  S  D  D  V  U  L  K  U  K  Ä  Y
L  S  L  S  A  L  L  T  B  I  J  Y  W  S  C  K
```

PÕLL	TEKSAD
VÖÖ	EHTED
PLUUS	PIDŽAAMA
KÄEVÕRU	PÜKSID
MANTEL	SANDAALID
KLEIT	SALL
MOOD	SÄRK
KINDAD	KINGA
MÜTS	SEELIK
JOPE	KAMPSUN

34 - Ethics

```
E Q K M U Q J T E S R E V T I T
R R A S U K R A T A E S Ä E N E
W M N I U H U O A L A U Ä R I H
Z V N U G D Q B S L L K R V M O
W H A R W N A N T I I E T I K Q
Q E T T S Q Z E Q V S B U K O N
L A L L E S F N H U M R S L N B
U T I A L S R N J S E A E I D R
G A K L O S S U S U A T D K P R
U H K D K O P T I M I S M K B Q
P T U G O L Y S U F G T J U J N
I L S R O E H A M Z S O I S R R
D I T M S I L A U D I V I D N I
A K G N T S U K I R Ä Ä V C F S
V D F N Ö M Õ I S T L I K J J U
A P N P Ö F I L O S O O F I A Q
```

ALTRUISM	OPTIMISM
HEATAHTLIK	KANNATLIKKUST
KAASTUNNE	FILOSOOFIA
KOOSTÖÖ	OTSTARBEKUSE
VÄÄRIKUS	REALISM
AUSUS	MÕISTLIK
INIMKOND	LUGUPIDAV
INDIVIDUALISM	SALLIVUS
TERVIKLIKKUS	VÄÄRTUSED
HEADUS	TARKUS

35 - Astronomy

```
P Q W A S U G R I I K M K G P W
C L I L P U U K Y Z D E O A Ö P
A W A J S H P M B D Q T S L Ö B
I B V N U I C E W O S E M A R G
D I O R E T S A R O U O O K I S
O C R D F E V J B N G O S T P V
Z I U J U K T H Ä T O R N I Ä A
A S T R O N A U T H K O W K E J
K J P O T A E V A S U M V A V U
A S T R O N O O M K D Y A A U T
T T Ä H E L E P A N U P Y A N U
S A T E L L I I T R A K E T T S
R R Z B U T N R K C E M H N T A
P O Q L D T O C P O E J C E E S
L N T G W N N B W Q I T L L W M
L R H L P B C N H Q V M Y Z J L
```

ASTEROID	KUU
ASTRONAUT	UDUKOGU
ASTRONOOM	TÄHELEPANU
TÄHTKUJU	PLANEET
KOSMOS	KIIRGUS
MAA	RAKETT
VAJUTUS	SATELLIIT
PÖÖRIPÄEV	TAEVAS
GALAKTIKA	SUPERNOOVA
METEOOR	ZODIAC

36 - Health and Wellness #2

```
H  P  E  P  K  A  I  G  R  E  L  L  A  T  Y  G
O  A  N  Y  V  G  N  T  A  Y  R  O  L  C  M  E
A  T  I  H  O  E  J  A  M  F  Y  T  G  F  D  N
E  O  M  G  Y  S  Z  P  T  Q  N  Y  I  J  Q  E
O  I  A  R  U  U  R  J  Y  O  T  Y  A  M  O  E
S  T  T  G  S  S  O  W  Y  V  O  J  H  U  D  T
T  U  S  W  I  R  W  Q  K  I  T  M  Z  J  P  I
R  M  A  D  N  O  W  Z  V  T  E  D  I  E  H  K
E  I  A  G  Q  L  C  O  G  A  R  Y  E  A  Ü  A
S  N  T  T  C  A  L  D  D  M  V  N  M  U  G  W
S  E  S  U  K  K  A  N  I  I  I  Q  H  G  I  I
V  M  A  S  S  A  A  Ž  E  I  S  J  Q  G  E  A
Y  E  I  U  U  Y  K  C  E  N  L  U  E  S  E  Z
O  B  R  T  O  E  U  A  T  L  I  P  C  E  N  N
C  R  A  I  G  R  E  N  E  N  K  J  J  O  O  A
A  D  E  H  Ü  D  R  A  T  S  I  O  O  N  J  Y
```

ALLERGIA
ANATOOMIA
ISU
VERI
KALORSUSEGA
DEHÜDRATSIOON
DIEET
HAIGUS
ENERGIA
GENEETIKA

TERVISLIK
HAIGLA
HÜGIEEN
NAKKUS
MASSAAŽ
TOITUMINE
TAASTAMINE
STRESS
VITAMIIN
KAAL

37 - Disease

```
K D J Z S T P Z U N O D B Q H G
E R K J R E Y S Z W L C A J I E
E M O O R D N Ü S Z B H K N N N
O A Y O B W V S F B G W T G G E
D K D Z N G F R G U A R E L A E
G I I D A I G R E L L A R O M T
N S V U H V L U C U O I I H I I
K A H U E A S I V R E T A K S L
U D K L K R Õ N N U N A A P T I
B Ü I K Z K B K Y E K A L Õ E N
O S Y G A L P S L T B P N L E E
D D Z R P V U D W T K O E E D Y
Z I M M U U N S U S Õ R M T E H
P Ä R I L I K L P U H U M I Z D
K B A U H Y N T M O U E I K R N
U G J J D M K Q B D K N N I Q V
```

KÕHU
ALLERGIAD
BAKTERIAALNE
KEHA
LUUD
KROONILINE
NAKKAV
GENEETILINE
TERVIS
SÜDA

PÄRILIK
IMMUUNSUS
PÕLETIK
NIMME
NEUROPAATIA
KOPSU
HINGAMISTEEDE
SÜNDROOM
RAVI
NÕRK

38 - Time

```
A U V T N D V M T D N P Y W F K
P P T C R H E G G H N Ä D A L E
R E Y M L V B F A L A J R N R S
U H Y I L M K V U P B J A Ä Ö K
J J Q N W M N G E M Q P S T Ö P
V C C U U K H E N N E H T A B Ä
N G G T E Z U O A M B O Y A R E
W M I O P E O J M A R A V S C V
E P N E S V F S K M A V P T R R
V C L A N D Z A A O I S M A Q F
T K G W G U W J L L E K T M I Z
C U N Z I D H A E Q J E O A L U
I R N K T G Z N N M Y L T S N V
W I S D I U G D D Ü Ü N Q C O E
K Ü M N E N D U E V A R S T I Ä
T U L E V I K J R D F E Y Y F P
```

AASTANE
ENNE
KALENDER
SAJAND
KELL
PÄEV
KÜMNEND
VARA
TULEVIK
TUND

MINUT
KUU
HOMMIK
ÖÖ
KESKPÄEV
NÜÜD
VARSTI
TÄNA
NÄDAL
AASTA

39 - Buildings

```
K  I  L  L  E  T  O  H  J  U  U  T  E  H  A  S
O  U  O  Q  N  P  L  E  R  B  A  C  O  E  O  P
O  T  S  E  W  N  Z  C  Y  H  B  P  V  L  E  Z
L  T  S  V  E  Y  C  L  T  O  A  M  K  A  M  C
S  U  P  E  R  M  A  R  K  E  T  I  A  W  U  T
T  U  M  U  E  S  U  U  M  E  Z  I  G  W  Q  D
T  E  I  Y  T  Z  I  L  A  N  L  K  U  L  L  K
Ä  N  L  P  R  H  O  S  T  E  L  R  Y  Y  A  I
H  O  Ü  K  O  O  F  H  O  N  T  Q  Q  F  S  N
E  B  L  M  K  G  R  F  W  E  D  F  Q  E  A  O
L  W  I  F  K  Y  T  S  A  L  O  N  G  I  A  U
E  T  K  S  J  R  J  P  S  G  T  P  U  K  T  O
P  O  O  W  W  Z  M  A  Z  T  U  C  R  I  K  M
A  R  O  Q  S  T  A  A  D  I  O  N  F  Y  O  W
N  N  L  C  T  T  E  A  T  E  R  N  B  O  N  S
U  O  I  A  V  L  A  B  O  R  V  V  Q  N  D  U
```

KORTER	LABOR
AIT	MUUSEUM
SALONGI	TÄHELEPANU
LOSS	KOOL
KINO	STAADION
SAATKOND	SUPERMARKET
TEHAS	TELK
HAIGLA	TEATER
HOSTEL	TORN
HOTELL	ÜLIKOOL

40 - Philanthropy

```
E E H D Q A A V R C T A R K Y S
N E C M O Q B Ä S K D U A O H U
L S S V F V S L U I A S H N I U
A C G M K U L J N L I U A T B R
A T S L Ä W R A J A V S N A A E
B E Z Z V R Z K V V E U D K J M
O C V P L K K U I A A N U T A E
L R J W R M R T N V H H S I L E
G I N O O I S S I M D E Z D U L
H N E G Q R Q E M B N U N U G S
I Y T M G K D D K A B O D D U U
I N I M E S E D O E C F O T I S
C E G O W N S I N N R S K R V D
J V O U G K P J D A M H Ü R U I
S P R O G R A M M I D V H W E S
L V J Q O A L K O G U K O N D Y
```

VÄLJAKUTSED   AJALUGU
LAPSED   AUSUS
KOGUKOND   INIMKOND
KONTAKTID   MISSIOON
RAHANDUS   VAJA
VAHENDID   INIMESED
SUUREMEELSUS   PROGRAMMID
GLOBAALNE   AVALIK
EESMÄRK   NOORUS
RÜHMAD

41 - Gardening

```
K  I  I  L  C  D  Z  V  K  Q  T  H  E  L  N  B
N  L  S  B  P  B  H  U  O  W  F  O  O  D  I  U
W  Q  I  E  Z  U  S  Õ  M  F  I  O  F  C  I  S
S  A  Q  I  E  V  P  I  P  W  K  A  B  P  S  C
I  Ö  W  F  M  M  E  E  O  H  L  J  T  E  K  Q
W  B  Ö  D  G  A  N  T  S  O  B  A  O  O  U  U
J  R  Z  D  R  N  G  E  T  R  D  L  U  M  S  Y
F  E  N  V  A  O  C  U  D  U  W  I  S  E  V  S
L  N  V  W  V  V  W  U  B  I  Z  N  K  I  M  P
V  I  L  J  A  P  U  U  A  E  D  E  V  H  M  Q
I  E  N  I  L  I  T  O  O  S  K  E  C  G  P  P
Y  T  B  O  T  A  A  N  I  L  I  N  E  E  W  A
H  N  J  F  P  J  W  S  Õ  T  P  M  S  O  P  D
W  O  J  L  N  V  V  K  I  T  S  E  H  E  L  D
Q  K  I  L  O  O  V  Z  S  U  T  S  U  M  P  F
E  K  H  I  H  L  Z  I  F  A  K  N  M  D  O  G
```

ÕIS
BOTAANILINE
KIMP
KLIIMA
KOMPOST
KONTEINER
MUSTUS
SÖÖDAV
EKSOOTILINE
ÕIE

LEHESTIK
VOOLIK
LEHT
NIISKUS
VILJAPUUAED
HOOAJALINE
SEEMNED
MULD
LIIK
VESI

42 - Herbalism

```
N N U M M A I T S E P K B M W N
A P U N E J Q Y Z M I A A G F C
K O O S T I S O S A P S T A I M
K E E N T A A M O R A U A S L P
R U S D N F W B Y O R L R S G L
O P A W Y M K P P J M I L U N K
H E P L O C R Q K R Ü K S N Y J
E T T L S B Z W S A N A R F A S
L E E D Y Ü Q A U M T R E M W H
I R E Y D B Ü B A S I I L I K N
N S G A E D I K K U L I N A A R
E E I E S T R A G O N P S T C S
N L T F Y O J A P A D Z P E T U
B L I D P O T Y S M Y Z T B A T
J G L R O S M A R I I N E B Q H
Z C L L I L A V E N D E L Q U C
```

AROMAATNE	KOOSTISOSA
BASIILIK	LAVENDEL
KASULIK	MARJORAM
KULINAAR	PIPARMÜNT
APTEEGITILL	PUNE
MAITSE	PETERSELL
LILL	TAIM
AED	ROSMARIIN
KÜÜSLAUK	SAFRAN
ROHELINE	ESTRAGON

43 - Vehicles

```
R M F B E Y W P R S G G I K V R
O A Q P P Q G Z O O P R E N G E
T A K G C G L W N R O L L E R H
K R A E H L E N G I D B T T O V
A P Z A T A A P F T A G S H P I
R L F A O T P M D H L Y Z T N D
T Y U O V J B T G D S Y K E Z
T B Q I R E T P O K I L E H K N
J T J R T A K S O B H O U F I V
H C L B E L P S T K F S Q I I E
C K E V M E I U U R M Q H R R O
D Q N A V E H B A B P O B D A A
I Z N K O V N Q S P C A O K B U
N F U J A L G R A T A S A T I T
J P K C Z L H Z B S E U T Y O O
Q G B G A A U Q L M R R R P I R
```

LENNUK   RAKETT
KIIRABI   ROLLER
JALGRATAS   ALLVEELAEV
PAAT   METROO
BUSS   TAKSO
AUTO   REHVID
PRAAM   TRAKTOR
HELIKOPTER   RONG
MOOTOR   VEOAUTO
PARV   VAN

44 - Flowers

```
O Z N P H F E M J Q G E Q D R N
D S Y O V I T I P Y Q Y V B U A
T U W J Q A T U K V A G H V V R
W W P E K H S P K I T S I R Y T
W F T N I Q L S C S A R B D M S
U J O G S E L O R H I D E E A I
P L U M E R I A D P L B L L E S
M A G N O O L I A Ä I K I N K S
T T B C U H I E N E I I J H R U
U H R R J E Õ L V V L M A Q O N
L L E D N E V A L A V P S T O I
B Y N H Z A K Y P L G H M R N M
I O G Q K C A Y S I A D I B L A
L I L L A I R Z D L Z T I E E G
G A R D E E N I A L G W N P H U
K A N N A T U S L I L L P P T N
```

KIMP
RISTIK
NARTSISS
DAISY
VÕILILL
GARDEENIA
HIBISK
JASMIIN
LAVENDEL
LILLA

LIILIA
MAGNOOLIA
ORHIDEE
KANNATUSLILL
POJENG
KROONLEHT
PLUMERIA
UNIMAGUN
PÄEVALILL
TULBI

45 - Health and Wellness #1

```
C H U K L I I N I K G P Y L R T
V L A C S I Z T E H Q U F W A N
Q D I R E T K A B A H G J I V Z
M Y A V J F D T A N A U K L I P
K S C I I U R A Q Y A E M I A M
M U L S W G M I V A R B U H P E
R S V C G L A U H A K U C A T K
Z O S N C Ä E S S P E G L S E P
U G U H Z N N K T S R A U E E F
N Ä R V E Q V E L U P G U D K D
K Z I D Z T I L S U S E M G G Q
L O I T B F I F H F U D U J Y K
F U V O U T T E Y O M D R M C P
D Y Q M L A K R Z P I O D R E C
F V L Õ Õ G A S T U S U G R Õ K
N Y H O R M O O N I D U Q N Y V
```

AKTIIVNE
BAKTERID
LUUD
KLIINIK
ARST
LUUMURD
HARJUMUS
KÕRGUS
HORMOONID
NÄLG

VIGASTUS
RAVIM
LIHASED
NÄRVE
APTEEK
REFLEKS
LÕÕGASTUS
NAHK
RAVI
VIIRUS

46 - Town

```
Q V E M A A J U N N E L G L U T
K W D B R P K C V F C O A I P E
I B Q H I V T A E Z R O L L A A
Z L D F M S K E U C J K E L G T
L O O M A A A E D E P J G R E A E
Y R H O T E L L N K L U I P R R
U Q M I Q E C H O L W U I O I M
K I N I I L K L I I S H S O T H
K I N O V U G R D Q P K O D Ö D
T U R G D P I N A D L P H Y Ö C
P O H Y Z E Y Z A M U E S U U M
D M S A T T H U T R R R T Y W W
P A N K N N Z O S H R E E Q M F
R A A M A T U P O O D I P A H C
Q S M Ü L I K O O L T T B U B M
I G R A A M A T U K O G U P S K
```

LENNUJAAM
PAGARITÖÖ
PANK
RAAMATUPOOD
KINO
KLIINIK
LILLEPOOD
GALERII
HOTELL
RAAMATUKOGU

TURG
MUUSEUM
APTEEK
KOOL
STAADION
KAUPLUS
SUPERMARKET
TEATER
ÜLIKOOL
LOOMAAED

47 - Antarctica

```
E B T E A D L A N E N I V I K P
H K B F U K U U C N E G T I Y O
A I S U P R O L N N Q D U E Q O
L L G P W C G R L Ä Ä J J O C L
K S E E E W U F L R E O Z E S S
E U O P E D I L A A R E N I M A
S D G G J E I I W W I D N L L A
K A R Y S R F T A J O L R I I R
K E A G F A D R S I V K T N U Q
O T A O U A B A J I Y I H N S Q
N C F K A S S D Y T O I W U T V
D C I U B V A Z I F K O H D I E
G B A Y K K W G V C Y I N K K S
S Ä I L I T A M I N E M Z J E I
K O N T I N E N T W Q Y C U J N
T S R C K H B P I L V E D W V W
```

LAHE
LINNUD
PILVED
SÄILITAMINE
KONTINENT
KESKKOND
EKSPEDITSIOON
GEOGRAAFIA
LIUSTIKE

JÄÄ
SAARED
RÄNNE
MINERAALID
POOLSAAR
TEADLANE
KIVINE
TEADUSLIK
VESI

48 - Ballet

```
O O A K I N H E T R I U P G D L
H N W I U I C V U T F W G B C P
B E W B U N I I R E L A B W T U
S G L K O Z S U K S O A S R D B
O R S I Y C M T M U U S I K A L
O A T H L V S Y I A V A T K J I
L A I S G O M K D L A Y Y T I K
O T I L H O O B I P I J Y E S D
H S L Q H R G J L A R N J M T G
C I Y L Z P I A A Y Z A E F N I
J L G H Y A O R K E S T E R A E
K I P V Z E L I H A S E D W T C
T N Z Z T P Ž E S T S K R U Y H
F E W A H T H S W U O A G Ü U B
K O R E O G R A A F I A Q P T K
I N T E N S I I V S U S B E Q M
```

APLAUS
KUNSTILINE
PUBLIK
BALERIIN
KOREOGRAAFIA
HELILOOJA
TANTSIJAD
ŽEST
GRAATSILINE
INTENSIIVSUS

LIHASED
MUUSIKA
ORKESTER
TAVA
PEAPROOV
RÜTM
OSKUS
SOOLO
STIIL
TEHNIKA

49 - Human Body

```
K  H  A  N  E  L  H  B  N  P  Q  Y  S  H  P  B
C  Ä  D  D  R  T  V  J  A  A  U  J  A  Ü  A  K
K  U  S  S  P  Z  T  C  S  H  G  A  Q  K  D  Q
W  Z  Z  I  U  Y  U  A  V  K  Ä  L  L  Õ  F  A
P  Y  H  S  R  H  J  L  S  L  N  G  Õ  R  B  E
J  K  M  Y  M  W  A  W  T  U  Õ  V  U  V  W  P
M  V  B  H  D  O  T  O  M  U  P  P  G  Z  H  W
Y  P  J  E  B  P  W  P  O  U  U  D  H  D  Y  N
Y  B  E  V  I  Z  V  Z  S  P  W  W  S  D  A
C  K  K  U  N  R  A  N  Ü  Ü  K  V  Z  Õ  Õ  J
A  Q  Z  L  I  L  Õ  U  A  L  U  U  R  R  L  U
R  L  I  D  N  Y  G  T  Q  E  Z  D  Z  M  G  B
R  B  I  E  A  V  E  R  I  A  Z  B  H  A  Z  H
L  U  U  D  K  E  Y  T  O  K  T  E  Q  J  H  L
C  H  G  R  P  W  C  P  W  E  Q  H  U  H  G  K
N  U  V  D  Y  M  Z  Y  K  H  Y  I  Q  W  C  Q
```

PAHKLUU	PEA
VERI	SÜDA
LUUD	LÕUALUU
AJU	PÕLV
LÕUG	JALG
KÕRV	SUU
KÜÜNARNUKK	KAEL
NÄGU	NINA
SÕRM	ÕLG
KÄSI	NAHK

50 - Musical Instruments

```
S H F I F R A H G M M H T M T M
G L L N A M A R I M B A Š A J V
M L Ö P G N O G W M H D E N D L
I L Ö H O T J R U U A C L D Z Q
Z F T M T L R O R R H K L O K C
W I U L T E Ö O O T B E O L I I
U O Y E E U N Ö M K Z Q J I T K
E R O O P W A R K B A A N I A K
K J B C M O J O A P O W A N R J
O H O S O E G R Q L I O B D R V
T B E Y R R E V A L K L N F O A
Y N A N T S A Y N I Z U L B Q A
T A M B U R I I N P E I U I D P
S A K S O F O N T U E I R N D J
D W U D R S O R Z U D V P P G Y
M V I H G C L M M S V Q W M D R
```

BANJO	MANDOLIIN
FAGOTT	MARIMBA
TŠELLO	OBOE
KLARNET	LÖÖKPILLID
TRUMM	KLAVER
FLÖÖT	SAKSOFON
GONG	TAMBURIIN
KITARR	TROMBOON
SUUPILL	TROMPET
HARF	VIIUL

51 - Fruit

```
S A K I R A A V H K W B N A P N
A Y I O M A N G O G E M S P A B
B T S D O Y U I N L S Y S R P G
E I R A M K Õ T I V T B E I A C
I Z I A B F O M T R Y N O K I V
B H V K V A S S A N A N A O A I
W S G O O T N O P K P T F O D I
I V U V S U P A O Ä P L K S C N
P M A A F J N G A F H S H E C A
B F J J U O F J G N E K Q K N M
T L A C A O S I D R U N E Y R A
A P A S J N P V Z S M O V L I R
W V V L M A K I R S S L V T P J
Z V R Z T Q V I M J G E A O S A
S D B C Z Y D K P J G M T R M R
L J I B D C K S V N B Y A M Z Q
```

ÕUN	KIIVI
APRIKOOS	SIDRUN
AVOKAADO	MANGO
BANAAN	MELON
MARI	NEKTARIIN
KIRSS	PAPAIA
KOOKOSPÄHKEL	VIRSIK
JOON	PIRN
VIINAMARJA	ANANASS
GUAJAAV	VAARIKAS

52 - Engineering

```
F D K M O S E B P O D A V O O H
E H I T U S S M K T Y C E L J A
N D Ä L K E U T H L I E D N A R
I S K O R C T V A I G R E N E V
M Q L O F W Q N A B M S L R L U
T V H P Z T N U Z G I N I E U T
Õ T U G E V U S M L Ü I K L W U
Õ G R P D M A Y K E T S L D C S
M P O G P G Q N C T M A V S E W
Q N I J R L B U L A F M G V U K
I M E W L O U S P S Z K L I J S
D I I S E L T B E K R U N O A C
F E P D U E C O B E D C K M O H
L Ä B I M Õ Õ T O E Y L O D I Q
V Q Z M U V E N I M A T I V E L
S T R U K T U U R E K H Q G A Q
```

NURK
TELG
ARVUTUS
EHITUS
SÜGAVUS
SKEEM
LÄBIMÕÕT
DIISEL
LEVITAMINE
ENERGIA

KÄIK
HOOVAD
VEDELIK
MASIN
MÕÕTMINE
MOOTOR
POOLT
STABIILSUS
TUGEVUS
STRUKTUUR

53 - Kitchen

```
M  K  I  M  L  Ü  K  V  A  G  Ü  S  F  T  I  Q
W  D  A  K  I  S  U  L  N  K  Ü  L  M  I  K  R
S  P  E  N  T  A  Ü  Ü  S  Q  R  J  L  G  O  Z
S  A  M  V  N  F  Y  D  Ä  V  P  V  O  S  W  F
U  J  L  N  G  O  N  Q  K  D  Y  O  F  Y  N  V
A  T  L  V  S  Ö  Ö  G  I  P  U  L  G  A  D  Y
K  E  Õ  P  R  E  U  D  N  H  I  T  B  Q  M  U
V  E  P  Z  J  Ä  G  R  I  L  L  A  U  U  H  D
Z  K  J  Y  S  E  T  I  O  T  P  E  S  T  E  R
J  E  B  U  T  G  D  I  S  T  R  Ü  V  P  N  F
J  E  Q  N  T  E  I  I  K  D  M  D  P  U  B  B
V  V  N  O  S  C  L  O  K  K  P  O  F  R  D  V
W  V  Q  A  P  O  V  Y  U  T  J  P  J  K  D  U
O  D  U  D  J  Z  H  E  T  G  Y  Z  O  C  O  Y
C  B  P  H  Q  T  A  A  H  I  Z  V  Y  M  T  D
T  A  S  S  H  M  K  B  G  D  O  J  H  Q  F  V
```

PÕLL	VEEKEETJA
KAUSS	NOAD
SÖÖGIPULGAD	SALVRÄTIK
TASS	AHI
TOIT	RETSEPT
KAHVLID	KÜLMIK
SÜGAVKÜLMIK	VÜRTSID
GRILL	KÄSNA
PURK	LUSIKAD
KANN	SÜÜA

54 - Government

```
K  P  Õ  K  K  H  D  Q  T  A  R  I  I  K  B  R
O  Õ  I  C  S  C  I  Y  O  R  H  E  U  H  V  T
D  H  G  S  K  Y  Y  P  S  U  D  A  E  S  L  P
A  I  U  Ü  I  T  A  K  I  T  I  I  L  O  P  H
K  S  S  M  Z  O  F  L  Y  E  O  W  Y  G  H  Y
O  E  L  B  W  K  P  A  D  L  A  N  L  K  E  G
N  A  I  O  Õ  I  G  U  S  U  I  R  B  L  E  Z
D  D  K  L  U  L  I  I  U  O  T  H  U  J  M  R
S  U  V  I  R  U  B  B  V  Z  A  T  T  N  V  A
U  S  E  Q  T  H  F  V  S  G  A  N  G  T  U  H
S  G  O  M  A  A  K  A  I  Y  R  E  N  R  L  V
K  Õ  N  E  P  R  Q  B  E  P  K  M  F  I  W  U
T  S  I  V  I  I  L  A  S  G  O  U  D  N  L  S
V  Õ  R  D  S  U  S  D  E  P  M  N  Z  O  U  L
S  F  P  Q  V  S  E  U  S  E  E  O  B  D  U  T
H  E  D  Q  C  Z  M  S  I  Q  D  M  N  V  Z  R
```

KODAKONDSUS	SEADUS
TSIVIIL	JUHT
PÕHISEADUS	VABADUS
DEMOKRAATIA	MONUMENT
ARUTELU	RAHVUS
LINNAOSA	RAHULIK
VÕRDSUS	POLIITIKA
ISESEISVUS	KÕNE
ÕIGUSLIK	RIIK
ÕIGUS	SÜMBOL

55 - Art Supplies

```
T Q U M A K V A R E L L I D D L
K S Z T J I Q Z W U N Y S Q E I
Y U T R M A M R D E T S Y O M I
D Z S F F W S S L D B M G U O M
E G U T P S V T Ü A K Q S S L B
G P V N U J B Q Ü J U V J O B T
M N O I P T S L R R E D R H E T
L O O T L K U Q K A F I E I R D
W L L K I A M S A H C V L E T N
T F L B I A P C K B S R G S D L
G E D G A M O H W U L Ä V B I I
K Q A C T E G U L K M V S K V V
W S O K S R V B H M V M Ü M S A
P O F H I A D I L L E T S A P S
K Q Z A D H A L D G S B I B N L
P A B E R S H Õ F A I Y O Y V S
```

AKRÜÜL	LIIM
HARJAD	IDEED
KAAMERA	TINT
TOOL	ÕLI
SÜSI	PABER
SAVI	PASTELLID
VÄRVID	PLIIATSID
LOOVUS	LAUD
MOLBERT	VESI
KUSTUTUSKUMM	AKVARELLID

56 - Science Fiction

```
R  I  K  K  F  M  M  M  U  V  A  D  R  E  H  Ä
O  G  E  I  V  A  D  L  E  T  U  J  U  K  A  Ä
B  F  M  Y  T  W  N  O  O  I  S  U  L  L  I  R
O  N  I  K  N  S  U  T  A  V  H  A  L  P  P  M
T  G  K  F  V  U  J  H  A  K  E  L  U  T  O  U
I  M  A  O  K  S  K  Q  I  S  A  U  U  R  O  S
D  A  A  S  G  Z  C  G  P  N  T  C  O  F  T  L
Y  A  L  Q  A  I  K  F  O  L  E  I  U  S  S  I
R  I  I  C  O  L  E  P  O  H  E  M  L  L  Ü  K
Y  L  D  U  A  E  A  V  T  R  N  O  G  I  D  S
J  M  K  M  Q  Q  C  P  U  L  A  T  S  I  N  E
R  A  A  M  A  T  U  D  Ä  S  L  A  V  A  G  E
G  A  L  A  K  T  I  K  A  R  P  A  K  N  C  E
E  E  G  P  J  N  G  W  N  P  A  W  Y  E  W  Z
F  U  T  U  R  I  S  T  L  I  K  N  H  H  L  B
I  T  W  A  I  G  O  O  L  O  N  H  E  T  F  L
```

AATOMI	GALAKTIKA
RAAMATUD	ILLUSIOON
KEMIKAALID	KUJUTELDAV
KINO	SALAPÄRANE
DÜSTOOPIA	ORAAKEL
PLAHVATUS	PLANEET
ÄÄRMUSLIK	ROBOTID
FANTASTILINE	TEHNOLOOGIA
TULEKAHJU	UTOOPIA
FUTURISTLIK	MAAILM

57 - Geometry

```
L R I N G Y Y L C Y K Õ V E R O
Ä B H D F J R D L J J C R D F S
B Q L W K O L M N U R K A Õ K A
I A G Q F U A K P H M B C Õ E V
M O E M D T O H V N Q D Q M I J
Õ A K I G O O L L G G Q S M N C
Õ N R E N L A A T N O S I R O H
T U K V V F U I T N T E L O F S
M R A C U P A I R T E E M M Ü S
A K O I M T I S V H O M M H T V
S U G R Õ K U N S U O B G L D K
S B J H B Y O S D S R Z C E R H
E V S V Õ R R A N D I Z O Z S F
R F B O G F E U K N A A I D E M
P A R A L L E E L S E L T T P T
H F A Y E V P O Y T G P M H T I
```

NURK
ARVUTUS
RING
KÕVER
LÄBIMÕÕT
MÕÕDE
VÕRRAND
KÕRGUS
HORISONTAALNE
LOOGIKA

MASS
MEDIAAN
ARV
PARALLEELSELT
OSA
SEGMENT
PIND
SÜMMEETRIA
TEOORIA
KOLMNURK

58 - Creativity

```
N F N A Z Z B A B M B N Y V A S
O P U M E O S D A B R S A D U P
V Ä L J E N D U S U G L E S T O
M L Z I Y D E S U M E G Ä N E N
V U T U U M F C K L E Y Z J N T
L O L E N O O I S T O M E Q T A
E T O J L K W O O Q H E N Z S A
I U I L E N I L I T S N U K U N
D N D K A W W G P Q O C S F S N
L N E T D V I G S I C E O H G E
I E E C U D U Õ J U L E B J M O
K G D N O O I S T I U T N I A W
D R A M A A T I L I N E B B F Z
U E K U J U T L U S V Õ I M E O
I N T E N S I I V S U S Y Y N Z
F E N C S O T J U G T F U Q Y D
```

KUNSTILINE
AUTENTSUS
MUUTUV
SELGUS
DRAMAATILINE
EMOTSIOONE
VÄLJENDUS
VOOLAVUS
IDEED
PILT

KUJUTLUSVÕIME
MULJE
INTENSIIVSUS
INTUITSIOON
LEIDLIK
TUNNE
OSKUS
SPONTAANNE
NÄGEMUSED
ELUJÕUDU

59 - Airplanes

```
A I T D D Õ I B D E P K H Õ G R
Q N U O N H N W Q K I I Ü W K Ä
A I G P O U S G V M L N A T S Ä
V A G K K P B Y A E O I L Y U F
P P C J S A V E A T O S A G L S
M R B V E L H N P R T E S C K O
O O O K E L A C I W E V K O I M
O O M P M Z O J R S N I U G E T
T W J W E V R Z A Y I C M E S A
O T F T H L M J Q L M C I H U S
R O D B P F L C J F U M N I G U
R E I S I J A E W U D G E T R U
G S V G H K T O R A N O U U Õ N
T U R B U L E N T S A K E S K D
J W W L G K S N V N A Y T W P Z
D I S A I N I E Q V M F D J C J
```

SEIKLUS
ÕHK
ATMOSFÄÄR
ÕHUPALL
EHITUS
MEESKOND
LASKUMINE
DISAIN
SUUND
MOOTOR

KÜTUS
KÕRGUS
AJALUGU
VESINIK
MAANDUMINE
REISIJA
PILOOT
PROPELLER
TAEVAS
TURBULENTS

60 - Ocean

```
M O A L V Y I V M H F K T Z W F
L E M B U E R E T S U A U E U W
L O R I H T Z T K K M H U I W I
A S O E H Y D I R A K E N B P K
R F T D V F W K S Z I K I A H D
O Z K I E E J A O E H S K R B Z
K Ä S N A T T D O W K A A K D B
K S I K Q U E I L Y A J L U Q F
T R T U T O S N K S L A A I N Q
N U E S Z I A I M A A L B U S H
H G N V J Q F I S J D G V L I P
S U U D E M O F B R C D A P O V
I C C K L T C L R E N R A M T O
D A O Q K G I E Y G D P L T T Q
E E N J A M L D N N O K P L I K
O F L M I M I M S A Y S A M S A
```

VETIKAD	SOOL
KORALL	MEREVETIKAD
KRABI	HAI
DELFIIN	KREVETID
ANGERJAS	KÄSNA
KALA	TORM
MEDUUS	LOODETE
KAHEKSAJALG	TUUNIKALA
AUSTER	KILPKONN
KARI	VAAL

61 - Force and Gravity

```
K  I  I  R  U  S  N  G  F  V  V  M  M  R  F  K
Z  N  I  G  U  P  Z  Q  J  A  C  A  Y  Õ  Ü  A
Y  E  D  R  T  G  N  D  U  L  K  G  B  H  Ü  U
M  E  S  I  M  U  D  R  Õ  Õ  H  N  E  K  S  G
Q  N  M  T  V  R  E  M  Õ  J  U  E  D  A  I  U
E  L  L  E  Q  T  S  I  L  V  E  T  L  V  K  S
N  A  Q  R  H  L  U  I  L  F  Y  I  I  L  A  U
I  A  Q  Z  Z  A  D  O  Y  E  H  S  I  B  D  K
L  S  U  D  G  A  A  H  B  U  P  M  K  H  P  S
I  R  T  L  C  K  M  N  Y  D  Z  N  U  N  W  E
M  E  G  Q  L  W  O  A  I  M  N  N  M  V  U  K
A  V  A  S  T  U  S  M  A  K  A  J  I  K  N  V
A  I  B  T  N  G  R  O  Y  H  A  G  N  F  F  H
N  N  N  E  S  O  T  M  A  U  P  L  E  F  I  L
Ü  U  E  F  S  O  L  A  I  E  N  E  M  I  N  E
D  L  T  I  K  H  O  R  B  I  I  T  T  A  H  D
```

TELG
KESKUS
AVASTUS
KAUGUS
DÜNAAMILINE
LAIENEMINE
HÕÕRDUMISE
MÕJU
MAGNETISM
MEHAANIKA

HOOGU
LIIKUMINE
ORBIIT
FÜÜSIKA
RÕHK
OMADUSED
KIIRUS
AEG
UNIVERSAALNE
KAAL

62 - Birds

```
H G R U K E N O O T R A P A U V
I R G D S A K T O K G R B E T A
L U I K E D N I L A N A A J F R
I H N I R F U A K M U N A P F B
J S A K A J A K A Ä R R Y A L L
H Z K K V L C F W R G Y N A A A
A L I T U U K A N N I U P B M N
N K L V Y E U C P P Q T C U I E
I O E M S P I N G V I I N L N M
P Z P M B F V C S B B W G I G D
I A H V E N J A N S B L P N O I
E W P R Y Q A K A N A W H D I G
D F A A K H G N S U G L S W Z Y
N U C O G U G H A I G U R G V N
G Q F O F O M S W Q D D K Y I Z
I O R G R E I C T H Q P I T C U
```

KANAARI	HAIGUR
KANA	JAANALIND
VARES	PAPAGOI
KÄGU	PAABULIND
PART	PELIKANI
KOTKAS	PINGVIIN
MUNA	VARBLANE
FLAMINGO	TOONEKURG
HANI	LUIK
KAJAKAS	TUUKAN

63 - Art

```
I  P  R  Y  G  V  G  Q  M  U  L  N  L  N  B  V
D  S  I  T  S  O  O  K  G  Y  J  R  U  W  K  Ä
A  I  I  M  H  O  S  J  P  L  B  E  U  L  D  L
J  N  J  K  C  Z  D  P  M  V  N  A  L  E  N  J
U  O  V  Y  L  O  B  M  Ü  S  R  P  E  B  F  E
I  O  D  U  T  I  R  E  E  R  I  P  S  N  I  N
T  J  A  Y  T  V  K  O  V  C  P  P  B  B  O  D
M  E  V  T  S  K  U  L  P  T  U  U  R  C  R  U
A  Z  E  N  I  L  U  R  E  E  K  E  B  T  I  S
A  L  I  M  K  E  R  A  A  M  I  K  A  U  G  G
L  G  F  W  A  N  Q  I  U  S  D  G  H  J  I  E
I  K  U  J  U  T  A  D  A  U  F  Q  K  U  N  W
D  E  H  J  B  H  T  N  H  Z  L  D  B  Z  A  Y
N  I  K  M  S  I  L  A  E  R  R  Ü  S  C  A  O
K  M  H  E  N  L  A  A  U  S  I  V  S  F  L  E
A  U  S  T  Z  D  D  F  W  R  Q  F  Z  G  O  V
```

KERAAMIKA	MAALID
KEERULINE	ISIKLIK
KOOSTIS	LUULE
LUUA	KUJUTADA
VÄLJENDUS	SKULPTUUR
JOONIS	LIHTNE
AUS	TEEMA
INSPIREERITUD	SÜRREALISM
TUJU	SÜMBOL
ORIGINAAL	VISUAALNE

64 - Nutrition

```
K  L  N  N  T  R  F  E  K  F  N  O  T  U  S  T
S  I  H  F  E  N  I  M  I  R  Ä  Ä  K  C  P  E
E  Z  B  K  R  I  D  Q  L  A  A  K  Z  A  S  E
E  O  N  E  V  I  H  N  S  D  F  F  E  W  U  T
D  I  U  K  I  S  E  V  I  S  Ü  S  H  R  Z  I
I  J  A  D  S  K  I  L  V  I  C  B  Y  D  V  L
M  M  P  L  O  O  A  R  R  I  C  F  S  J  E  A
I  E  J  V  B  T  E  Q  E  K  I  L  E  D  E  V
N  I  I  M  A  T  I  V  T  L  E  I  M  T  K  K
E  H  A  R  J  U  M  U  S  E  D  S  A  O  A  T
L  T  T  W  I  B  L  S  F  A  H  U  I  I  L  V
P  E  S  C  Z  P  E  T  Ö  A  Y  P  T  T  O  A
N  E  Z  A  O  F  D  T  N  Ö  P  F  S  A  R  L
V  I  H  Z  K  B  B  P  V  G  D  A  E  I  E  G
I  D  R  O  S  J  M  G  B  O  L  A  P  N  I  U
P  G  U  G  N  Z  S  L  P  R  C  Y  V  E  D  D
```

ISU	TERVIS
KIBE	TERVISLIK
KALOREID	VEDELIKE
SÜSIVESIKUID	TOITAINE
DIEET	VALGUD
SEEDIMINE	KVALITEET
SÖÖDAV	KASTE
KÄÄRIMINE	TOKSIIN
MAITSE	VITAMIIN
HARJUMUSED	KAAL

65 - Hiking

```
P M Z S J K R A P P W G M Ä G I
Ä E D S F A A V Ä S I N U D V D
I S E V P W J L H H P S I A C V
K U N R S O F J J F B U F P L N
E D I A W M I T Q U J T E A O Z
Q O M S M E T S I K B S Z A O W
T O U K Q K V N G Y I I Y S M P
K L T E U A B T Z O K M I M A C
O C H V O P P L P C H L Z A D J
Y V O S R J U J O M R A I K E U
U A K K J L E K B I R V E A S H
V U P L M W D I H Z E E W A R E
H P P D I O I V V G F T J R O N
R K I E N I M I K L E T A T H D
G J T T L J M D K Z Y E A E U I
W N O O I S T A T N E I R O D D
```

LOOMAD
SAAPAD
TELKIMINE
KALJU
KLIIMA
JUHENDID
OHUD
RASKE
KAART
MÄGI

LOODUS
ORIENTATSIOON
PARK
ETTEVALMISTUS
KIVID
TIPPKOHTUMINE
PÄIKE
VÄSINUD
VESI
METSIK

66 - Professions #1

```
K  Z  P  A  J  I  S  T  N  A  T  M  J  S  K  P
F  K  I  S  K  I  D  A  A  S  R  U  U  S  A  A
D  H  A  T  A  A  K  O  V  D  A  U  V  T  R  N
T  C  N  R  K  J  T  T  G  D  L  S  E  R  T  K
M  W  I  O  J  A  U  S  O  G  A  I  L  E  O  U
Õ  D  S  N  Q  T  L  R  O  R  R  K  I  E  G  R
E  D  T  O  M  E  E  A  L  C  U  V  I  N  R  E
O  O  E  O  O  M  T  E  O  O  D  M  R  E  A  W
F  V  U  M  G  I  Õ  B  H  L  J  U  E  R  A  Q
Z  K  G  Q  G  O  R  H  H  F  F  N  E  E  F  C
I  Q  I  Q  E  T  J  W  Ü  Y  G  H  P  Z  S  W
Y  E  B  H  O  P  U  S  S  B  A  N  S  Y  U  O
A  S  G  O  L  V  J  N  P  E  S  T  Ä  R  R  T
E  I  T  W  O  L  A  Y  N  U  L  U  D  J  D  G
I  E  W  S  O  J  A  H  I  M  E  E  S  M  A  I
V  A  T  W  G  J  H  M  U  Z  F  Z  U  Y  M  S
```

SUURSAADIK	GEOLOOG
ASTRONOOM	JAHIMEES
ADVOKAAT	JUVELIIR
PANKUR	MUUSIK
KARTOGRAAF	ÕDE
TREENER	PIANIST
TANTSIJA	TORUMEES
ARST	PSÜHHOLOOG
TOIMETAJA	MADRUS
TULETÕRJUJA	RÄTSEP

67 - Barbecues

```
P N V Y E E G M T P K V N P T I
J E L G M L U U O U M U A K E A
E T R W R K I U M U U K H G E U
N K M E E O D S A V Y Q D N V S
K H F P K V C I T I O T W K W Q
Ö G E R Q O E K I L L I R G S C
Ö C G C W L N A D J R Z Z T S N
S A L A T I D D Z A L P F H I C
U N M V W V A E R D A O N O O U
T A U K S W R K S K A H V L I D
H K E B M G B G A P R D S Q S U
Õ W S B V H Õ A A S A H N Ä L G
N M O M V V S B E Y T L F J G N
V E O L P S U V I D G E V B N Ä
V R L K Ö Ö G I V I L J A D L M
G G C V S S Q Z L K P O Y C O W
```

KANA	KUUM
LAPSED	NÄLG
ÕHTUSÖÖK	NOAD
PEREKOND	MUUSIKA
TOIT	SALATID
KAHVLID	SOOL
SÕBRAD	KASTE
PUUVILJAD	SUVI
MÄNGUD	TOMATID
GRILL	KÖÖGIVILJAD

68 - Chocolate

```
E K S O O T I L I N E D M R K K
B N H I O M K A K A O C A E O A
K O O K O S P Ä H K E L I T O L
K K A Ü Ü S B N V F B H T S S O
I A V R G H R P L T I M S E T R
M B R A O K O O T Z K S E P I E
M J H A L O S M A G U S V T S I
E O Z N M I M T O G B Q O S O D
L R C Y R E T Y B B Z O K U S C
Ö J H N B C L E L Y H J K H A A
Ö M A I T S E L E P F U O K A J
T N A D Ü S K O I T N A M U I I
I J K P F D R D P F Z Z M R E I
S M A A P Ä H K L I D Q I R I Z
Ä J V M F U P U E I L W D G O Q
K K M M S A F G T U C U G N G D
```

ANTIOKSÜDANT
AROOM
KÄSITÖÖ
KIBE
KAKAO
KALOREID
KOMMID
KARAMELL
KOOKOSPÄHKEL
MAITSEV

EKSOOTILINE
LEMMIK
KOOSTISOSA
MAAPÄHKLID
KVALITEET
RETSEPT
SUHKUR
MAGUS
MAITSE
SÜÜA

69 - Vegetables

```
B F E H J R S A S P A K L L I L
K A S P D S H M N J P T C W N R
Ü A K P S A Y W P Z K T H N G V
Ü R R L E V H J P O Z J G Q V Z
S T U U A T A M O T K Z H M E Š
L I K B C Ž E S S E L L E R R A
A Š C I F N A R P N M L U K L
U O C S A I Z A S T I V R Õ K O
K K I I R L P G N E E S N G T T
F K W D C O B M O W L H W B K T
P H J E S K N K L W F L F S M A
I R Q R I K V L H M O B S L C N
D N A G R O P R Q W B V H R O I
I A T H E R N E S K Z S W V K P
S B I Z A B M D M F S A L L V S
Q E L Z N V S A L A T R N D F G
```

ARTIŠOKK	SIBUL
BROKKOLI	PETERSELL
PORGAND	HERNES
LILLKAPSAS	KÕRVITS
SELLER	REDIS
KURK	SALAT
BAKLAŽAAN	ŠALOTT
KÜÜSLAUK	SPINAT
INGVER	TOMAT
SEEN	NAERIS

70 - The Media

```
K  I  L  A  V  A  T  R  F  L  V  A  A  I  E  K
A  O  M  Z  R  D  M  V  V  O  E  D  G  N  I  A
J  E  H  I  V  T  V  W  J  Q  T  L  S  D  C  U
A  I  J  A  Q  G  Z  A  S  Q  O  O  U  I  O  B
L  S  E  N  L  A  A  T  I  G  I  D  D  V  N  A
E  H  T  E  N  I  L  N  O  Z  A  I  I  I  D  N
H  K  Y  U  D  U  K  A  I  O  H  T  R  D  T  D
E  A  R  V  A  M  U  S  V  Õ  R  K  A  U  E  U
D  W  Q  R  J  L  I  M  A  T  I  A  H  A  A  S
M  P  P  L  R  S  E  U  R  A  P  F  H  A  T  L
R  Y  E  N  I  M  A  T  S  A  H  A  R  L  I  I
A  G  O  I  K  G  H  B  V  U  J  I  K  N  S  K
A  T  G  Y  A  M  U  F  O  R  Q  U  J  E  N  L
D  B  V  R  J  Q  J  T  T  Ö  Ö  S  T  U  S  E
I  O  K  S  A  T  E  L  E  V  I  S  I  O  O  N
O  O  V  Ä  L  J  A  A  N  N  E  U  V  V  B  B
```

HOIAKUD	KOHALIK
KAUBANDUSLIK	AJAKIRJAD
TEATIS	VÕRK
DIGITAALNE	AJALEHED
VÄLJAANNE	ONLINE
HARIDUS	ARVAMUS
FAKTID	FOTOD
RAHASTAMINE	AVALIK
INDIVIDUAALNE	RAADIO
TÖÖSTUS	TELEVISIOON

71 - Boats

```
P  H  G  L  S  L  M  J  F  N  U  L  P  S  E  W
M  R  M  O  O  T  O  R  Ä  D  D  W  U  Ü  D  V
E  N  A  E  K  O  O  E  V  R  A  P  R  S  A  M
E  Õ  J  A  K  Ö  I  S  M  L  V  M  J  T  M  A
S  H  N  H  M  M  A  D  R  U  S  E  E  A  E  S
K  S  P  D  F  D  C  Q  A  P  G  R  K  C  R  T
O  W  E  Z  W  L  Z  N  O  L  B  E  A  G  I  A
N  G  O  V  D  S  J  Y  S  C  Q  D  S  B  O  A
D  J  K  T  B  Z  T  C  I  K  P  A  M  A  P  P
F  Q  A  A  I  U  S  J  D  Z  W  N  V  Y  V  E
N  O  D  Q  N  J  I  A  D  I  S  K  W  S  R  T
Z  U  R  Z  D  U  N  H  Q  V  F  U  J  E  V  S
G  W  D  O  K  K  U  T  R  B  J  R  T  G  P  Ä
H  W  K  T  N  C  B  Y  Q  T  L  C  O  T  P  Ä
T  O  O  L  R  U  Z  M  O  F  N  C  F  C  C  P
B  S  O  H  O  Y  C  N  M  B  F  T  V  B  M  U
```

ANKUR	MAST
POI	MERED
KANUU	OOKEAN
MEESKOND	PARV
DOKK	JÕE
MOOTOR	KÖIS
PRAAM	PURJEKAS
SÜSTA	MADRUS
JÄRV	MERI
PÄÄSTEPAAT	JAHT

72 - Activities and Leisure

```
U J B Y P T S E K V V H O A Q A
R J A Z O Y A N Y Õ Õ E H I W K
C L U L H J S I L R I M N B U A
U B C M G J J M C K D O U U E L
F H D B I P Q I B P U L S Z J A
H O B I D N A K B A S P O K S P
T E N N I S E L N L Õ J C Z H Ü
L W N Q T K I E L L I Z O K O Ü
A L Õ Õ G A S T A V T S N U K K
A I Q U S U K E L D U M A I H G
M V A S U R F A M I N E W R L O
U S E N I M I S I E R B Y J P L
T U J G D K O R V P A L L A O F
G Q Z Q Q U M A T K A M I N E M
U L L A P A S E P U O N C O M S
F G W V R O Y I B D Y Y O R T G
```

KUNST
PESAPALL
KORVPALL
POKS
TELKIMINE
SUKELDUMA
KALAPÜÜK
AIANDUS
GOLF
MATKAMINE

HOBID
MAAL
VÕIDUSÕIT
LÕÕGASTAV
JALGPALL
SURFAMINE
UJUMINE
TENNIS
REISIMINE
VÕRKPALL

73 - Driving

```
R E U N Z J Z C L Z A Y L K K Q
O P I D U R I D Q I O G V A P E
T R A A K N J F K Q T G G K B M
O H U T U S U R I I K S D H P E
O U N L I V H K B N S F E D C J
M T G A A S T I J O W H G N I T
V K U Õ N N E T U S H J A P T N
G C J A L A K Ä I J A T R O P S
F D G V O I D O S O D P A L O Q
U C H S T E B G R O H Z A I F L
T U N N E L V H N O P T Ž T V R
L I I K L U S J K Ü T U S S D G
M O O T O R R A T A S K G E M T
E N P A U T O T E E E M C I M Z
K J N M M O E Y Y K M G W M N S
D M K I J F M G J B E T L D N C
```

ÕNNETUS	MOOTOR
PIDURID	MOOTORRATAS
AUTO	JALAKÄIJA
OHT	POLITSEI
JUHT	TEE
KÜTUS	OHUTUS
GARAAŽ	KIIRUS
GAAS	LIIKLUS
LITSENTS	VEOAUTO
KAART	TUNNEL

74 - Biology

```
B  B  P  Z  O  D  C  E  B  B  T  U  I  E  A  E
S  A  J  A  M  O  O  R  Z  E  T  M  N  E  N  N
Ü  J  K  Z  Y  N  A  L  S  P  K  U  O  W  A  S
N  A  Y  T  H  Q  P  P  O  Ü  R  B  M  E  T  Ü
A  T  Q  P  E  P  G  C  O  I  S  I  J  C  O  Ü
P  E  M  R  P  R  E  B  M  A  K  Y  G  C  O  M
S  M  C  C  F  K  I  L  S  U  D  O  O  L  M  J
V  I  K  T  D  L  K  D  O  B  L  Z  F  M  I  U
E  V  O  L  U  T  S  I  O  O  N  O  P  Z  A  A
S  Ü  M  B  I  O  O  S  R  K  P  F  D  J  Z  J
W  G  F  S  H  M  U  T  A  T  S  I  O  O  N  E
V  K  O  L  L  A  G  E  E  N  O  R  U  E  N  G
A  R  O  S  W  M  B  K  R  O  M  O  S  O  O  M
L  A  Ä  F  O  T  O  S  Ü  N  T  E  E  S  Q  C
K  P  H  N  Q  P  C  A  U  H  O  R  M  O  O  N
H  T  G  J  M  D  K  T  E  P  A  N  B  U  P  R
```

ANATOOMIA	MUTATSIOON
BAKTERID	LOODUSLIK
KAMBER	NÄRV
KROMOSOOM	NEURON
KOLLAGEEN	OSMOOS
EMBRÜO	FOTOSÜNTEES
ENSÜÜM	VALK
EVOLUTSIOON	ROOMAJA
HORMOON	SÜMBIOOS
IMETAJA	SÜNAPS

75 - Professions #2

```
I M C H M A E Õ K I E H E C S E
L A Z A C E Z P I L F J N V Z N
L A O M T D A E N A L D A E T J
U L O B U N R T A B I O L O O G
S I L A B I S A J C G U D P K R
T K O A T K T J R F I E A T J U
R U O R U S M A I O A P E A S R
A N G S A C V A K O V V T L L I
A S T T N B C I A S B P E U E K
T T C Q O G Q N J O A I L N I K
O N G L R W E Q A L K L E I U W
R I D E T E K T I I V O E K T O
O K I Z S D Z A K F B O K A A F
Q K F A A R G O T O F T L W J D
A Z I N S E N E R A M K D U A I
H V Y K L J U C C J I M H W K P
```

ASTRONAUT
BIOLOOG
HAMBAARST
DETEKTIIV
INSENER
TALUNIK
AEDNIK
ILLUSTRAATOR
LEIUTAJA
AJAKIRJANIK

KEELETEADLANE
MAALIKUNSTNIK
FILOSOOF
FOTOGRAAF
ARST
PILOOT
TEADLANE
KIRURG
ÕPETAJA
ZOOLOOG

76 - Mythology

```
K U L T U U R Y K M H K A L S S
S Õ D A L A N E Ä I F M R A K U
A R M U K A D E D U S T H T O R
K A M Õ S E K B G O K A E U L E
Ä G U K Y R Z K B L A E T G E M
I L S U R E L I K E M V Ü E T A
T L O L E G E N D N E A Ü V I T
U A J O C C J Q Q D T S P U S U
M B M H M V Ä L K P T C B S P S
I Ü L I E I S C F N Ä B H R W I
N R V H F W N F Q C K P I J H I
E I J F O N D E S U L A M U J V
E N A L E G N A K C Z I M O N O
T T Q G F K A T A S T R O O F N
J T V Y P R K L R W D T V U H B
B D V Y T D Z J D Y M S Y W O W
```

ARHETÜÜP   ARMUKADEDUS
KÄITUMINE   LABÜRINT
LOOMINE   LEGEND
OLEND   VÄLK
KULTUUR   KOLETIS
JUMALUSED   SURELIK
KATASTROOF   KÄTTEMAKS
TAEVAS   TUGEVUS
KANGELANE   KÕU
SUREMATUS   SÕDALANE

77 - Agronomy

```
T  L  A  L  C  M  G  T  N  O  O  I  S  O  R  E
Z  O  C  H  U  D  P  A  E  C  O  E  Ü  N  Y  M
A  P  O  D  F  H  N  I  N  S  U  T  S  O  E  R
A  D  R  T  M  P  N  M  E  U  H  K  T  Ö  N  Q
K  E  B  E  M  S  O  E  R  D  A  Ö  E  K  I  M
C  K  J  U  G  I  G  D  G  N  I  Ö  E  O  L  J
M  A  A  E  L  U  N  K  I  A  G  G  M  L  I  B
T  N  S  L  Y  A  I  E  A  J  U  I  I  O  N  K
K  E  N  E  U  Y  R  A  Z  A  S  V  D  O  A  Z
M  O  A  J  E  R  U  I  L  M  E  I  N  G  A  U
L  A  V  D  B  M  U  C  H  U  D  L  O  I  G  D
V  E  S  I  U  A  N  S  W  L  N  J  K  A  R  K
H  E  G  Z  V  S  S  E  N  L  T  A  K  G  O  A
B  W  W  F  T  O  I  T  D  Õ  P  D  S  M  Y  S
T  E  H  V  Ä  E  T  I  S  P  U  C  E  Z  N  V
T  S  L  P  G  C  B  O  S  L  P  Z  K  O  F  P
```

PÕLLUMAJANDUS
HAIGUSED
ÖKOLOOGIA
ENERGIA
KESKKOND
EROSIOON
VÄETIS
TOIT
KASV
ORGAANILINE

TAIMED
REOSTUS
TOOTMINE
MAAELU
TEADUS
SEEMNED
UURING
SÜSTEEMID
KÖÖGIVILJAD
VESI

78 - Hair Types

```
T Q Z P V I U K D V S R P K I G
M V C I Ä H G A I F P L N M W D
F U S K R G J M A R D A L E A P
Q M S K V B L O N D S I K K O L
P D U T I M I Õ P I A N S M F H
G R L C T T W P W K L E K U H Õ
K L U A U E Y A I O I L H K H W
K F G U D R P K T L I A G M G
M T J E N V E S Z I K N B H W A
P E H M E I Y R M G W E J A G H
E K O C N S K B J U L K B I J L
T I C Z L L Z L N V S R U M S A
U H Z R T I W N K K A D I M N J
G Ü N U V K K U M S E I H Z L Y
D L L Ä I K I V N V A L G E L Y
A G Q N Z B R S Q B M L Y R Z Z
```

KIILAS
MUST
BLOND
PÕIMITUD
PAELAD
PRUUN
VÄRVITUD
LOKID
LOKKIS
KUIV

HALL
TERVISLIK
PIKK
LÄIKIV
LÜHIKE
PEHME
PAKS
ÕHUKE
LAINELINE
VALGE

79 - Garden

```
E  T  Y  E  B  A  N  U  Q  W  B  F  U  R  S  K
J  A  D  N  A  R  E  V  L  A  V  N  Y  E  B  I
U  R  Z  D  T  T  E  R  R  A  S  S  I  H  I  V
U  A  P  N  U  U  P  A  N  I  I  V  L  A  T  I
K  A  Q  B  U  D  H  K  H  M  M  K  I  I  T  D
G  R  H  G  T  W  Z  G  A  K  U  G  L  U  H  F
S  A  S  Õ  Õ  P  Z  T  Y  M  J  R  L  F  A  D
F  K  R  C  O  Q  J  S  O  A  H  Y  U  Y  C  O
A  L  Y  A  L  D  K  Q  R  C  E  G  I  F  L  R
A  E  D  E  A  U  U  P  A  J  L  I  V  T  K  Y
Y  V  D  O  G  Ž  J  U  Z  I  Y  S  W  B  O  N
L  H  B  W  E  E  H  O  I  F  E  B  B  U  A  T
B  Ü  U  B  F  U  B  T  U  F  V  F  R  L  M  O
P  K  N  I  P  P  V  Õ  R  K  K  I  I  K  V  L
U  U  M  B  R  O  H  I  H  G  E  I  M  N  I  A
U  J  U  B  V  O  O  L  I  K  M  Y  Q  K  I  S
```

PINK
PÕÕSAS
TARA
LILL
GARAAŽ
AED
MURU
VÕRKKIIK
VOOLIK
VILJAPUUAED

TIIK
VERANDA
REHA
KIVID
KÜHVEL
TERRASS
BATUUT
PUU
VIINAPUU
UMBROHI

80 - Diplomacy

```
K  I  N  U  Õ  N  B  S  O  R  K  A  U  E  F  E
A  O  N  V  I  T  F  V  Z  E  W  S  H  P  R  E
S  R  O  N  K  I  D  A  A  S  R  U  U  S  H  T
A  K  U  S  V  V  J  L  D  O  V  K  B  U  Q  I
A  O  V  T  T  Q  I  I  V  L  Õ  K  H  S  K  K
T  D  A  A  E  Ö  U  T  F  U  Õ  I  U  I  O  A
K  A  I  C  R  L  Ö  S  Q  T  R  L  M  L  N  K
O  N  O  O  I  C  U  U  Q  S  A  K  A  A  F  I
N  I  R  Y  I  B  D  S  Z  I  R  I  N  V  L  T
D  K  K  D  N  O  K  U  G  O  K  V  I  R  I  I
E  U  C  A  W  D  D  D  U  O  D  R  T  U  K  I
P  D  T  E  M  K  H  N  E  N  Z  E  A  T  T  L
Õ  I  G  U  S  Z  T  E  R  L  E  T  A  U  P  O
B  J  I  L  V  V  H  H  M  K  E  D  R  U  C  P
Z  R  H  B  Z  O  L  A  K  M  L  E  F  L  R  H
Z  V  G  N  I  P  E  L  A  H  G  F  K  L  F  I
```

NÕUNIK	VALITSUS
SUURSAADIK	HUMANITAAR
KODANIKUD	TERVIKLIKKUS
KOGUKOND	ÕIGUS
KONFLIKT	KEELED
KOOSTÖÖ	POLIITIKA
ARUTELU	RESOLUTSIOON
SAATKOND	TURVALISUS
EETIKA	LAHENDUS
VÕÕRA	LEPING

81 - Countries #1

```
O V T Z S V E N E Z U E L A V I
C H D O N F H O E L H L R V W I
M O B D O Q D O Q N C B F Y L S
S A S O R I R A A K V Z B M E R
H O R I R T N P A N A M A P E A
I K O O A Ä I A A M A S K A S E
S R N M K L C Ü R R L K A I Q L
P D Y U E O A B E V O G N N P E
A S L N U R R I Z W O T A E O M
A U P L V C A I L M P D D E G G
N T D L J K G L P A V I A M A V
I P C G O F U U G N A B D U O R
A I L I I S A R B T Q T W R C B
V G K H E W S V V E T C I G R C
S E N E G A L A L I A G E H I Y
Z S T U R D P E V V V S F P R Q
```

BRASIILIA
KANADA
EGIPTUS
SOOME
SAKSAMAA
IRAAK
IISRAEL
ITAALIA
LÄTI
LIIBÜA

MAROKO
NICARAGUA
NORRA
PANAMA
POOLA
RUMEENIA
SENEGAL
HISPAANIA
VENEZUELA
VIETNAM

82 - Adjectives #1

```
R  A  Z  V  G  C  A  E  Õ  D  K  D  C  B  Q  P
D  A  O  H  W  Y  B  K  N  S  A  T  E  O  A  Y
M  Q  S  T  L  H  I  S  N  A  A  K  N  A  G  L
N  Q  L  K  M  H  V  O  E  T  S  I  T  H  Ä  T
E  T  H  V  E  K  A  O  L  R  A  L  U  S  U  V
F  V  E  N  E  O  L  T  I  A  E  S  U  L  I  Ä
T  Õ  S  I  N  E  M  I  K  K  G  U  L  W  O  Ä
D  T  D  U  T  N  I  L  K  T  N  I  O  H  F  R
I  G  C  V  A  T  S  I  C  I  E  Ä  S  U  G  T
T  U  M  E  A  N  A  N  D  I  K  T  B  T  K  U
S  V  D  N  M  E  W  E  K  V  G  B  A  P  I  S
U  S  W  A  O  D  D  R  O  N  H  E  L  D  E  L
B  A  S  L  R  I  C  H  D  E  Õ  H  U  K  E  I
H  K  Q  G  A  U  A  L  G  G  B  V  C  E  V  K
D  F  S  E  N  I  L  I  T  S  N  U  K  B  F  R
J  G  N  A  V  C  Y  P  M  N  N  Q  M  R  M  B
```

ABSOLUUTNE	ABIVALMIS
AROMAATNE	AUS
KUNSTILINE	IDENTNE
ATRAKTIIVNE	TÄHTIS
ILUS	KAASAEGNE
TUME	TÄIUSLIK
EKSOOTILINE	TÕSINE
HELDE	AEGLANE
ÕNNELIK	ÕHUKE
RASKE	VÄÄRTUSLIK

83 - Rainforest

```
M K O G I G I Y R Q D D P B H Q
A I K K R O U Y C N G C O Y O L
V U T J J C B Q H B L U I L L I
A K S M S Ä I L I T A M I N E N
R O U T E I L A O S M H D Y N N
J G D P U K M I T E M L Ž T I U
U U O U D S E E H R A H U A M D
P K O T H Y R S T I S Q N A Ä E
A O L U R K M V I A Z M G S Ä V
I N F K C P E Y O S J Q E T J L
K D T A M I I L K S U A L A U I
P B V D J O U P O W P S D M L P
P Õ L I S R A H V A S T E I L L
E B O T A A N I L I N E Y N E I
V Ä Ä R T U S L I K N E K E B I
L Z I Z Y D E S K I A P E H A K
```

KAHEPAIKSED
LINNUD
BOTAANILINE
KLIIMA
PILVED
KOGUKOND
MITMEKESISUS
PÕLISRAHVASTE
PUTUKAD
DŽUNGEL

IMETAJAD
SAMMAL
LOODUS
SÄILITAMINE
VARJUPAIK
AUSTUS
TAASTAMINE
LIIK
ELLUJÄÄMINE
VÄÄRTUSLIK

84 - Landscapes

```
L B O N P F B K Y I Z I Z C E Z
L I U S T I K Z A Y M D T K Q U
Z L J P Z R H O C Y K U T B O V
I O E O B Q F H Y U K M Y C V J
S N Z O S B N A A K L U V R Ä J
R G R L R B R T A W Õ D C O G B
Z T Z S Y J E A T R V R M E R I
K N P A T G S B N Y B K B J E G
O S R A U E I H L D K J J Õ O Ä
Q Y S R N A E K O O O M U E R M
K S A L D I G Ä M Ä Ä J G L G E
S A A R R G O L M O Z O A P V H
A B W M A T G O D P G D J H V O
A O A I J E S M Y V E Z R C J P
O O S O Q N H A P D M L Q C R U
Z K U W J D Y I L Y V F D U U P
```

RAND	OAAS
KOOBAS	OOKEAN
KÕRB	POOLSAAR
GEISER	JÕE
LIUSTIK	MERI
MÄE	SOO
JÄÄMÄGI	TUNDRA
SAAR	ORG
JÄRV	VULKAAN
MÄGI	JUGA

85 - Visual Arts

```
V C V E E Q S U Z W A H C A W U
Z A V I I T K E P S R E P K L Z
R V H J F L B C W I Y M L I F C
P T Z A Q J F A Y T Q K I M Z K
O I S Ü S U O Š G Q U W I A T U
R I K E P J T J A M V O A A D N
T R U V P M O T D B R U T R U S
R K L J K K T Y W U L W S E W T
E S P K O O S T I S S O A K R N
E H T R E B L O M I V U O N Z I
L J U I L F P F T M R Y V N D K
T M U C J Q A B C W G U I O F K
F U R U U T K E T I H R A H O A
M A A L I I Y Z M Y U I Z C W L
W F D Q P N S K C S A V I Z J Z
H Z R D M E I S T R I T E O S W
```

ARHITEKTUUR
KUNSTNIK
KERAAMIKA
KRIIT
SÜSI
SAVI
KOOSTIS
LOOVUS
MOLBERT
FILM

MEISTRITEOS
MAALI
PLIIATS
PERSPEKTIIV
FOTO
PORTREE
SKULPTUUR
ŠABLOON
LAKK
VAHA

86 - Plants

```
F  L  O  O  R  A  E  R  U  L  L  A  V  G  C  H
B  L  A  B  D  B  T  W  M  I  I  Y  Ä  Z  L  F
O  H  Z  M  P  U  R  U  M  L  D  S  E  N  V  E
T  F  P  K  M  G  E  W  B  L  G  S  T  P  U  E
A  S  B  G  B  A  D  Q  O  O  P  F  I  Q  R  G
A  D  K  Q  A  W  S  U  B  M  A  B  S  Y  C  M
N  T  V  G  Q  D  P  G  I  U  L  G  N  J  U  P
I  P  U  U  Q  B  V  T  H  E  L  N  O  O  R  K
K  C  Q  S  J  M  P  A  O  Q  P  Z  Q  A  J  K
A  F  J  I  D  K  B  U  R  D  Q  F  Q  R  B  A
D  L  J  D  Z  Y  T  K  E  S  A  S  Õ  Õ  P  K
L  E  H  E  S  T  I  K  D  L  H  W  A  B  L  T
T  R  V  D  V  D  T  R  U  R  J  J  E  O  Z  U
M  A  R  I  I  R  M  N  U  F  G  U  D  T  O  S
Y  O  K  I  Q  T  E  R  L  K  R  Q  U  R  C  E
T  A  I  M  E  S  T  I  K  M  E  T  S  R  B  B
```

BAMBUS	METS
UBA	AED
MARI	MURU
BOTAANIKA	LUUDEROHI
PÕÕSAS	SAMMAL
KAKTUS	KROONLEHT
VÄETIS	JUUR
FLOORA	VARS
LILL	PUU
LEHESTIK	TAIMESTIK

87 - Boxing

```
H W J C F F O Y Q L L E B K M P
K Z V K S M K S G G Õ M I E R M
T U G E V U S Q K S N U C H G Z
M V Õ I T L E J A U W M G A T T
K I I R E C N E Q Z S U K O O F
N R K Ü Ü N A R N U K K C T D K
N D U T A D N E M M A D I A J I
M W F N O K O H T U N I K A R N
V A S T A N E E B I Q T B S U D
S Z E S P H J I W Z U K T T S A
V I G A S T U S E D J N Y A I D
O V N O I I K B O E W U C M K Q
E R J Z N A N S U I S P Y I A H
W N I A P F L J F Ö Y Q H N S J
W Q H M A T U I P K D V B E E N
B D N F D S O W Y Q Z U E H L S
```

BELL
KEHA
LÕUG
NURK
KÜÜNARNUKK
AMMENDATUD
VÕITLEJA
RUSIKAS
FOOKUS
KINDAD

VIGASTUSED
KICK
VASTANE
PUNKTID
KIIRE
TAASTAMINE
KOHTUNIK
KÖIED
OSKUS
TUGEVUS

88 - Countries #2

```
D D M J W V S P M H R E U R D F
L L E A L P O U M V R D G N D I
A V H M I N M O H E D V A S C Z
O O H A B O A K E E R K N A B C
S D I I E N A P E Q F R D P M I
P F K C E A L T A K I V A H E I
M A O A R B I A I A S Ü Ü R I A
W F K P I I A A P N J L U N A I
S V A I A I A N O Z A S K S L R
H U O S S L P I O H J N R K B E
U B D V C T I T I A H E A U A E
T M A A I Y A Y T G C P I A A G
Y T Q A A M E N E V K A N J N I
U Y A L J N E V V G A L A G I N
D Q R T U U J H S L T H U D A W
N M B F O L L T R M B R A Z T W
```

ALBAANIA	MEHHIKO
TAANI	NEPAL
ETIOOPIA	NIGEERIA
KREEKA	PAKISTAN
HAITI	VENEMAA
JAMAICA	SOMAALIA
JAAPAN	SUDAAN
LAOS	SÜÜRIA
LIIBANON	UGANDA
LIBEERIA	UKRAINA

89 - Adjectives #2

```
L U K I L S I V R E T U P P K V
B K I L S U D O O L O H R S E A
N H R H E M D J Q M B K O V A S
P K J A U T E N T N E E D H H T
R K E E L E G A N T N E U U N U
S U L U U K S K V A A H K V Ä T
U G D M E T S I K W L I T I L A
U S A K E D N A S U O J I T J V
P P V I U K S P R H O H I A A U
J D E I V L I I H Z S W V V N Q
L O O M I N G U L I N E N P E E
Q A U R E D F P F F U M E T N C
A D E N C J R C F V Q T L I F L
A K S E I R D F E M T U G E V G
Y K U U M N J C Z C Y G Z A C E
O T I E S S E I A T K M Z A S W
```

AUTENTNE	HUVITAV
LOOMINGULINE	LOODUSLIK
KIRJELDAV	UUS
KUIV	PRODUKTIIVNE
ELEGANTNE	UHKE
KUULUS	VASTUTAV
ANDEKAS	SOOLANE
TERVISLIK	UNINE
KUUM	TUGEV
NÄLJANE	METSIK

90 - Psychology

```
T V W T S Q T R U Z V J O G U W
M L U D E E D I Q D M Y F U G H
E Õ R E S E N I L I N I I L K R
E P J S W N F K T Z D B S J Y V
L E I U M I E V Y V E W U O F S
B S S T T M R K Ä I T U M I N E
O P I S K A Q B L H T D E W F N
R A K I I D B Y V Z Õ Z G M F O
P L S N L N F D D N M P O V O O
G A U U F I S F O Y N R K Z Z I
N I S N N H T L F H T A J U E S
F G G F O T U N N E R V I T K T
N M S U K K I L E G E T D R S O
D R M Ä L E S T U S E D M R R M
A W J R K V E G O K M R Y F R E
Z Y T E A D V U S E T A R A V I
```

HINDAMINE	MÕJUTAB
KÄITUMINE	MÄLESTUSED
LAPSEPÕLV	TAJU
KLIINILINE	ISIKSUS
KONFLIKT	PROBLEEM
UNISTUSED	TEGELIKKUS
EGO	TUNNE
EMOTSIOONE	RAVI
KOGEMUSI	MÕTTED
IDEED	TEADVUSETA

91 - Math

```
F G V W F P N L Q N K O M A N H
K R U N K L U H Ä L W S Q G S S
R J A J J I R T B B D T O Q W Ü
Ö K P K A L G M H O I S I O I M
Ö G R R T B A I N L R M A P A M
P D M Q U S D A H P B D Õ V I E
K Z S G I W I Z L R M W V Õ R E
Ü K R U N M L O K L U D V Q T T
L J K W M P V U O J N B L F E R
I S K R K M T N E N O P S K E I
K U Y P I O A B G S O G P B M A
R I S T K Ü L I K Q J S J S O L
N D N A R R Õ V L Q A W N D E F
H A K I T E E M T I R A K Q G P
P A R A L L E E L S E L T U U R
M R Ü M B E R M Õ Õ T Q N P I E
```

NURGAD	NUMBRID
ARITMEETIKA	PARALLEELSELT
ÜMBERMÕÕT	RÖÖPKÜLIK
KOMA	HULKNURK
LÄBIMÕÕT	RAADIUS
RAJOON	RISTKÜLIK
VÕRRAND	RUUT
EKSPONENT	SUMMA
FRAKTSIOON	SÜMMEETRIA
GEOMEETRIA	KOLMNURK

92 - Water

```
L L H A M N F E S F D F D Ä Ä J
A U H W U I O U M P F U S F L O
N T M H S I O O K E A N Š T A O
A B L I S S J R M R V A P Š I D
K Y Ü F O K K Ä A W A F P N A
G J K M O E F O R U A K B L E V
B S C L N A V A B V E R J Z D S
A U R U S T U M I N E O L S D S
M T G K U N I I S U T U S W H Z
H U T L K V Q C R C R V C Q S Y
I J O T S D G E I S E R J G Q T
V U E L I B B B B H P Q Õ C A G
C E V C I L N B K J H H E S W O
Z L Q K N N D J Q K C J D I D R
L Ü S W C D J F V G G P D W Z M
I M T O Y C F M G N L A O Q P K
```

KANAL	JÄRV
NIISKE	NIISKUS
JOODAV	MUSSOON
AURUSTUMINE	OOKEAN
ÜLEUJUTUS	VIHMA
KÜLM	JÕE
GEISER	DUŠŠ
ORKAAN	LUMI
JÄÄ	AUR
NIISUTUS	LAINED

93 - Activities

```
L N R F T T I H C T M B E F W K
T Q E T E O E N I M A K T A M A
A B A V L D S G K Ä S I T Ö Ö L
N D K Q K G T K E H U V I D F A
T K I V I H Z E U V U Q S M O P
S H M G M R I T V S U E L C T Ü
I M A N I W Z J E R A S W N O Ü
M A A J N A I A N D U S L K G K
I A R L E E A V I U Q N Õ U R K
N G E U V Z H Y M G K Z Õ N A W
E I K G L A C Z E N Q D G S A D
N A C E C T O B L Ä V G A T F L
N C H M R Õ Õ M B M F M S Q I H
Z S Q I Z K A I M S F R T Y A V
N Q Z N R Y K T Õ U H V U S B V
E P L E E H E A K C E D S Q O L
```

TEGEVUS	JAHT
KUNST	HUVID
TELKIMINE	VABA
KERAAMIKA	MAAGIA
KÄSITÖÖ	FOTOGRAAFIA
TANTSIMINE	RÕÕM
KALAPÜÜK	LUGEMINE
MÄNGUD	LÕÕGASTUS
AIANDUS	ÕMBLEMINE
MATKAMINE	OSKUS

94 - Business

```
H G Y C Z S E N H L S L A Q A Y
K A R J Ä Ä R T H U J U J W L I
H B N F F U K A T U U L A V L T
D R J Z T Z J M P E B U T Q A E
Ö K O N O O M I K A V K Ö W H H
K E L U T E S S I S D Õ Ö H I A
Ü O Z O W O J Z J N N Q T R N S
Ü G N I R E E T S E V N I E D R
M R R T F E P U T C O Z M M L A
P A A S O V Q S J T C H D A U H
Q H T K H R C W P Y G M H K S A
U A T H M A J D N A Ö Ö T S P N
G G S A C L S G O S V K D U W D
D T Z O F E C Q N O U E B D L U
A W B R F E I R D J P U A K H S
A Y H V F O Y G P P I J M E P W
```

EELARVE	RAHANDUS
KARJÄÄR	SISSETULEK
ETTEVÕTE	INVESTEERING
KULU	JUHT
VALUUTA	KAUP
ALLAHINDLUS	RAHA
ÖKONOOMIKA	KONTOR
TÖÖTAJA	MÜÜK
TÖÖANDJA	POOD
TEHAS	MAKSUD

95 - Literature

```
W  L  Z  P  Y  H  M  M  A  F  W  M  J  P  F  L
K  S  O  G  A  I  I  Q  L  Y  J  Q  U  O  I  M
T  J  Q  N  A  I  D  Ö  Ö  G  A  R  T  E  C  K
F  U  R  S  Ü  Ü  L  A  N  A  Q  B  U  E  T  I
N  I  O  U  S  R  S  S  T  I  I  L  S  T  I  R
S  N  O  T  K  I  H  U  R  Ü  T  M  T  I  O  J
C  W  F  E  M  T  O  O  D  K  E  N  A  L  N  E
A  N  A  L  O  O  G  I  A  L  R  F  J  I  E  L
E  K  T  U  V  A  U  T  O  R  E  O  A  N  L  D
L  S  E  U  V  Õ  Q  A  G  Y  J  R  M  E  K  U
U  U  M  L  D  D  R  H  O  F  M  G  Ä  A  Q  S
L  F  M  D  W  W  D  D  O  J  K  T  W  J  A  T
U  H  J  G  B  D  H  Y  L  I  F  E  S  D  S  N
G  A  F  O  T  T  W  H  A  U  F  E  D  Q  P  W
U  U  Q  V  U  N  H  D  I  Z  S  M  R  I  I  M
E  A  L  T  S  A  Q  W  D  F  N  A  J  W  M  P
```

ANALOOGIA	METAFOOR
ANALÜÜS	JUTUSTAJA
ANEKDOOT	ROMAAN
AUTOR	LUULETUS
ELULUGU	POEETILINE
VÕRDLUS	RIIM
JÄRELDUS	RÜTM
KIRJELDUS	STIIL
DIALOOG	TEEMA
FICTION	TRAGÖÖDIA

96 - Geography

```
T  I  R  L  L  I  B  P  P  V  O  K  A  A  R  T
Q  Y  M  A  K  I  R  E  M  R  O  G  I  T  G  K
W  E  Z  I  G  D  N  T  K  K  E  Z  U  Q  N
O  O  V  U  Y  U  V  N  A  R  E  K  L  O  O  P
B  H  B  S  K  Õ  R  G  U  S  A  C  L  B  Y  D
Y  K  B  K  I  N  A  F  Z  C  N  D  W  A  W  O
R  T  M  R  I  A  A  P  I  I  R  K  O  N  D  K
F  Q  Q  A  R  P  S  M  A  A  I  L  M  L  J  O
P  K  U  A  J  U  W  N  J  S  S  D  M  Ä  J  N
N  M  T  D  M  H  M  N  U  D  U  W  H  Ä  T  T
N  H  H  L  U  G  Õ  A  K  F  M  Q  N  N  T  I
P  L  C  N  S  M  B  P  T  Y  A  V  E  E  H  N
M  E  R  I  D  I  A  A  N  L  M  G  M  P  Z  E
Q  Õ  R  G  L  Õ  U  N  A  H  A  H  V  O  L  N
F  J  I  Ä  T  G  L  H  L  R  Q  S  Q  C  G  T
D  F  I  M  T  E  R  R  I  T  O  O  R  I  U  M
```

KÕRGUS	MÄGI
ATLAS	PÕHJA
LINN	OOKEAN
KONTINENT	PIIRKOND
RIIK	JÕE
POOLKERA	MERI
SAAR	LÕUNA
LAIUSKRAAD	TERRITOORIUM
KAART	LÄÄNE
MERIDIAAN	MAAILM

97 - Jazz

```
M  K  K  Z  I  A  G  Q  D  Z  J  O  O  M  F  K
B  S  U  A  L  P  A  R  H  S  K  F  R  U  T  O
O  D  N  C  Q  W  B  O  Ü  K  W  T  K  U  N  N
T  Q  S  Ž  T  N  L  I  I  T  S  R  E  S  A  T
S  V  T  A  R  Õ  H  K  P  W  M  U  S  I  F  S
O  G  N  N  K  F  W  V  H  R  U  M  T  K  K  E
H  M  I  R  U  U  R  Q  M  V  U  M  E  A  O  R
A  I  K  Q  H  N  U  N  V  P  S  I  R  U  O  T
L  U  D  D  C  J  I  L  S  R  P  D  H  N  S  Q
B  L  H  C  Y  Z  T  L  U  S  V  Y  F  Y  T  T
U  J  W  V  G  A  N  D  B  S  G  O  S  D  I  W
M  U  I  K  A  H  E  L  I  L  O  O  J  A  S  T
V  N  W  J  O  N  L  P  L  T  E  H  N  I  K  A
M  C  H  V  B  J  A  U  A  W  N  S  N  J  P  S
B  S  B  W  Z  D  T  D  U  K  I  M  M  E  L  H
O  B  O  B  J  A  S  G  L  B  T  V  V  A  L  T
```

ALBUM	ŽANR
APLAUS	MUUSIKA
KUNSTNIK	UUS
HELILOOJA	VANA
KOOSTIS	ORKESTER
KONTSERT	RÜTM
TRUMMID	LAUL
RÕHK	STIIL
KUULUS	TALENT
LEMMIKUD	TEHNIKA

98 - Nature

```
W N K E L E N I L I M A A N Ü D
Q R T F R B P V P F E R O T E C
L A D E L U L I N E S K V K N O
Q Y O B L T C N T K I T S U I L
V D I P Z M A O G I L I S P L M
O V K M A K Q Z R T A L K M I Q
I F V P E K Õ U O S S I I O P B
L Y J K A Q Q R M E E N A S O S
U R P I L V E D B H D E P R O F
R A H U L I K A F E R U U Y R F
N U M E T S S M Z L R I J F T E
E T Q U D U J O U Z U T R L F E
I C N O O I S O R E T I A A A Y
E N L V K J Q L L F I B V H A K
Z A M V Z Õ M E T S I K A F R T
H S P I W E Z U U S R M N F V N
```

LOOMAD	LEHESTIK
ARKTILINE	METS
ILU	LIUSTIK
MESILASED	JÕE
KALJUD	SANCTUARY
PILVED	RAHULIK
KÕRB	VARJUPAIK
DÜNAAMILINE	TROOPILINE
EROSIOON	ELULINE
UDU	METSIK

99 - Vacation #2

```
T L U N L M G H R A T P E U M P
R E M E R I J O T E P A S S I I
A N H B A U D T E L S R F G V E
N N V P A D P E L D U T R A A K
S U H Õ S W W L K Y K H O J B G
P J G D Õ R P L I M H O S R A S
O A I R R R Q Y M O U K F N A G
R A A K V U A N I G P T R K S N
T M R E I S I U N C P H Q N I O
C U K N W A S O E U U I O I I R
T A K S O E V K J G J S O Z V U
V J F L F U T H L K R B C L O R
K U P T E K A H K V A M C M Y V
B E S F U T S B D P N H B R P A
W A Y G L H T R D D D A K P C R
V Ä L I S M A A L A N E M W Z G
```

LENNUJAAM	VABA
RAND	KAART
TELKIMINE	PASS
SIHTKOHT	RESTORAN
VÕÕRA	MERI
VÄLISMAALANE	TAKSO
PUHKUS	TELK
HOTELL	RONG
SAAR	TRANSPORT
REISI	VIISA

100 - Electricity

```
Q G Q E J I T L B E P G V R J L
R O K N S P W A T K O N J O U A
K F W N O O I S I V E L E T H D
L A M P Z F O E Q S S C Y A T U
M Y U V E D E R V S T J H A M S
G A O T Y E A L S D A K U R E T
K G G E B S V E I M P A E D A
I H K N B N E G A T I I V N E M
R A S F E Z P I L K R Õ V E U I
T A D U U T U Q O E Z L U G O N
K A A B E L K A P J F Q F D C E
E V G V Z P I J J B P I R N N L
L E N V I I T I S O P R B Z W Z
E F P Z N A S U G O K T Y G I W
C S O Q E N I L I R T K E L E V
P B F H C H P V A R U S T U S S
```

AKU
PIRN
KAABEL
ELEKTRILINE
ELEKTRIK
VARUSTUS
GENERAATOR
LAMP
LASER
MAGNET

NEGATIIVNE
VÕRK
OBJEKTID
POSITIIVNE
KOGUS
PISTIKUPESA
LADUSTAMINE
TELEFON
TELEVISIOON
JUHTMED

Word Search Puzzles

1 - Antiques

2 - Food #1

3 - Measurements

4 - Farm #2

5 - Books

6 - Meditation

7 - Days and Months

8 - Energy

9 - Archeology

10 - Food #2

11 - Chemistry

12 - Music

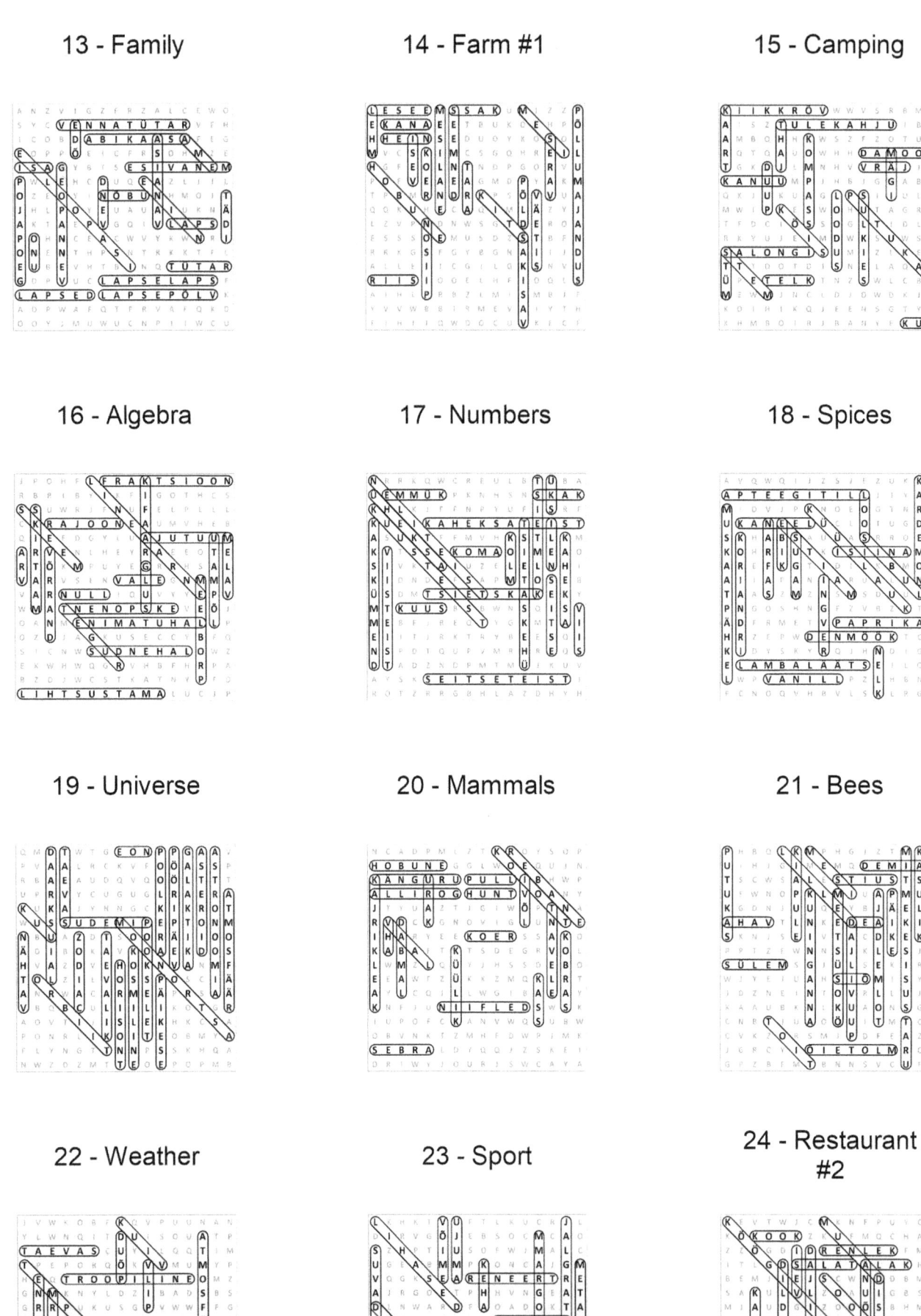

13 - Family

14 - Farm #1

15 - Camping

16 - Algebra

17 - Numbers

18 - Spices

19 - Universe

20 - Mammals

21 - Bees

22 - Weather

23 - Sport

24 - Restaurant #2

25 - Geology

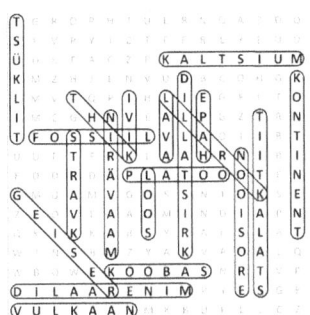

26 - House

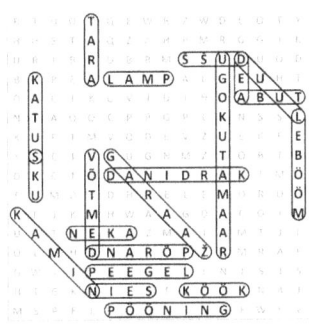

27 - Physics

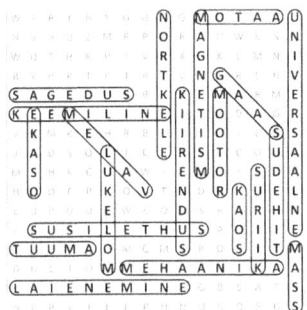

28 - Shapes

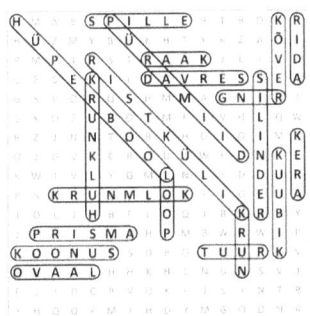

29 - Scientific Disciplines

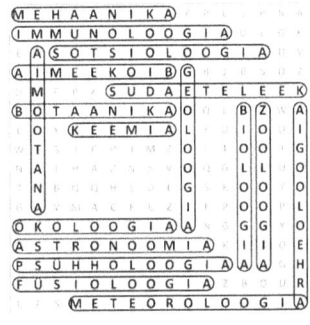

30 - Science

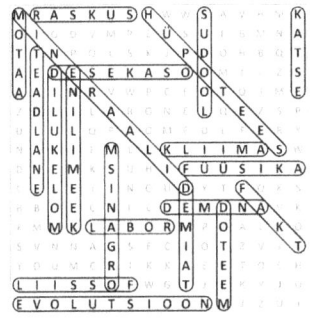

31 - Beauty

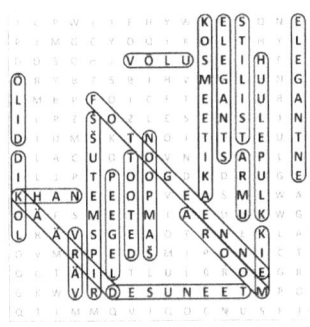

32 - To Fill

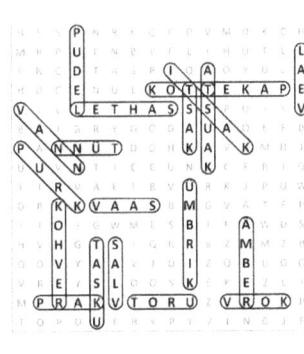

33 - Clothes

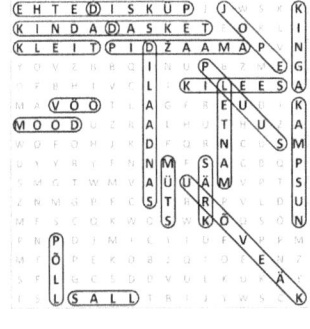

34 - Ethics

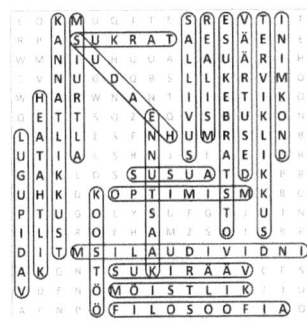

35 - Astronomy

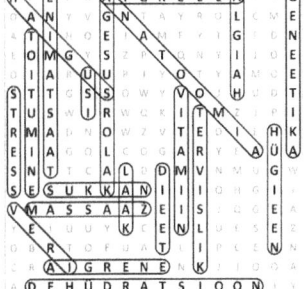

36 - Health and Wellness #2

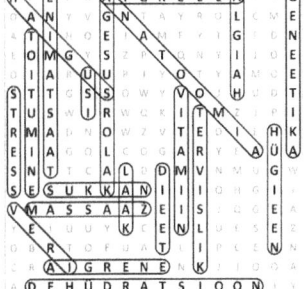

37 - Disease

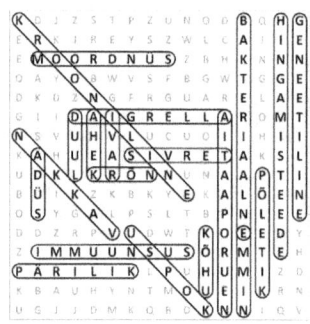

38 - Time

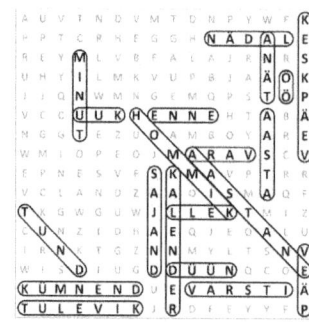

39 - Buildings

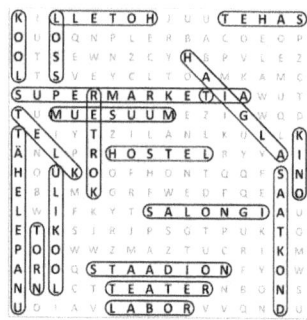

40 - Philanthropy

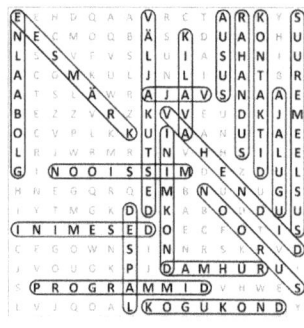

41 - Gardening

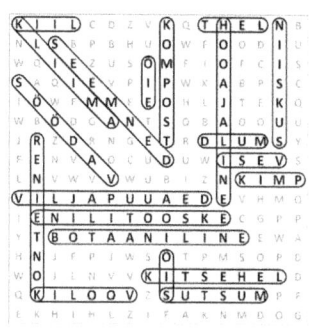

42 - Herbalism

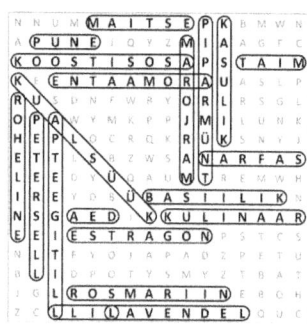

43 - Vehicles

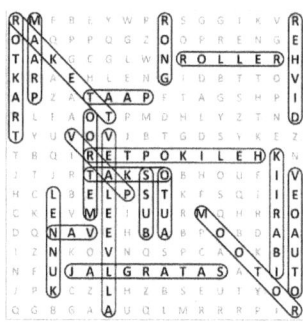

44 - Flowers

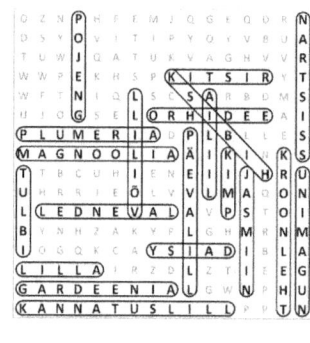

45 - Health and Wellness #1

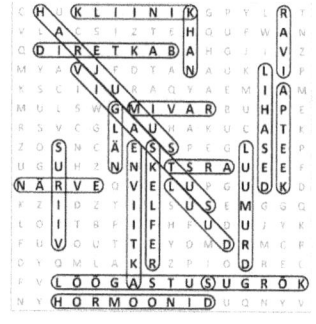

46 - Town

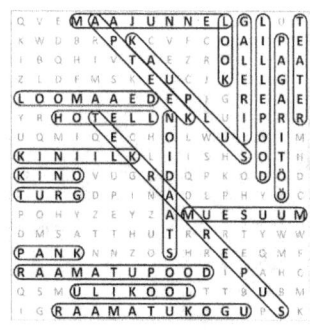

47 - Antarctica

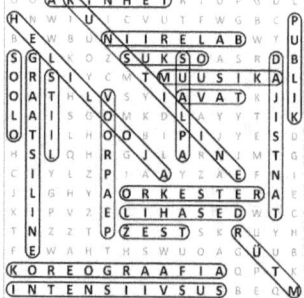

48 - Ballet

49 - Human Body

50 - Musical Instruments

51 - Fruit

52 - Engineering

53 - Kitchen

54 - Government

55 - Art Supplies

56 - Science Fiction

57 - Geometry

58 - Creativity

59 - Airplanes

60 - Ocean

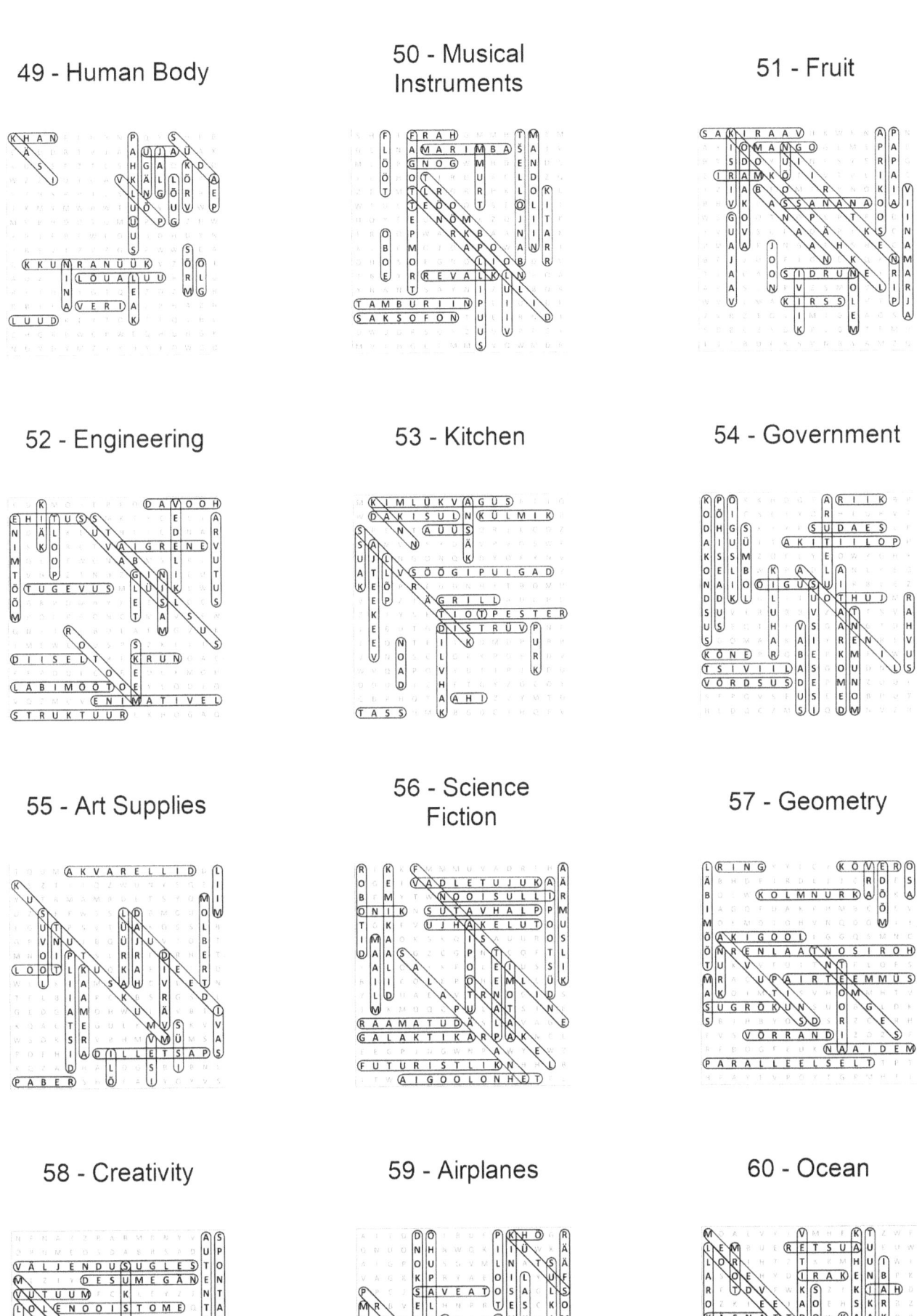

61 - Force and Gravity

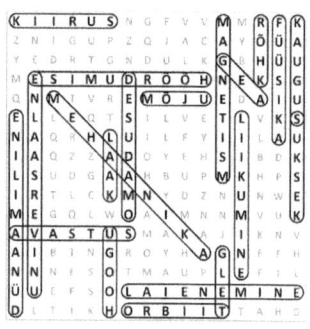

62 - Birds

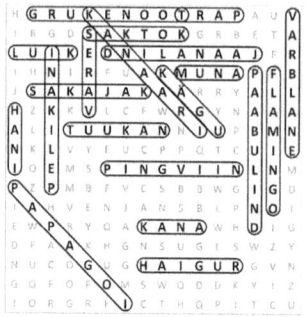

63 - Art

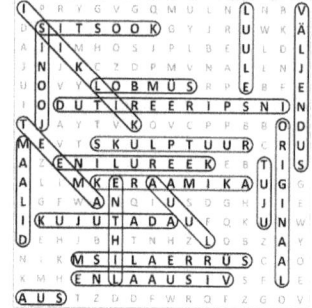

64 - Nutrition

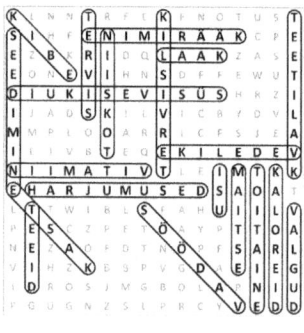

65 - Hiking

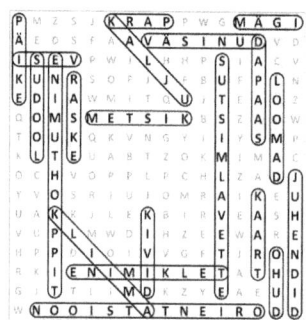

66 - Professions #1

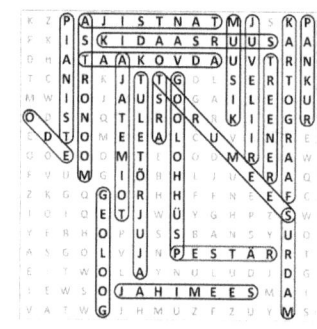

67 - Barbecues

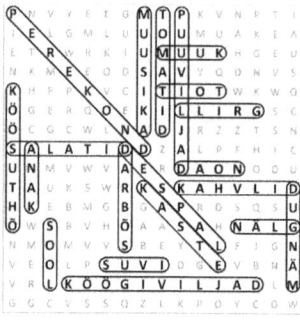

68 - Chocolate

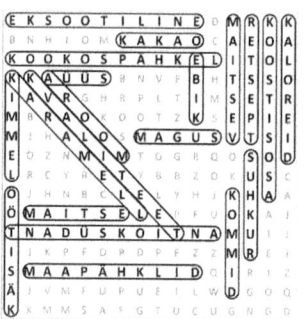

69 - Vegetables

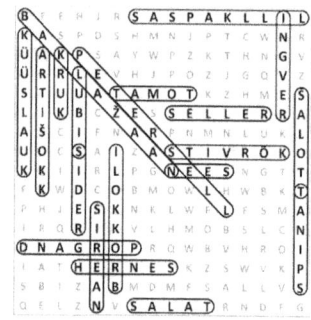

70 - The Media

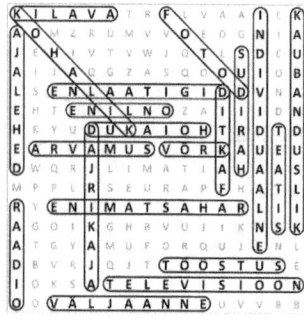

71 - Boats

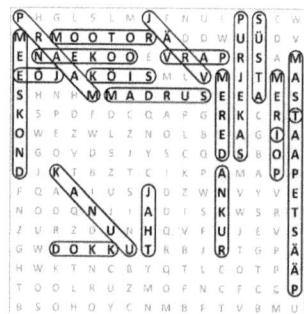

72 - Activities and Leisure

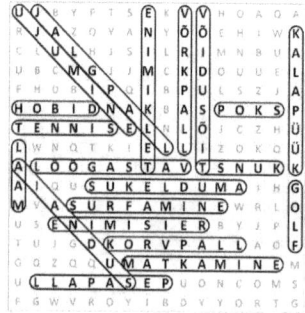

73 - Driving

74 - Biology

75 - Professions #2

76 - Mythology

77 - Agronomy

78 - Hair Types

79 - Garden

80 - Diplomacy

81 - Countries #1

82 - Adjectives #1

83 - Rainforest

84 - Landscapes

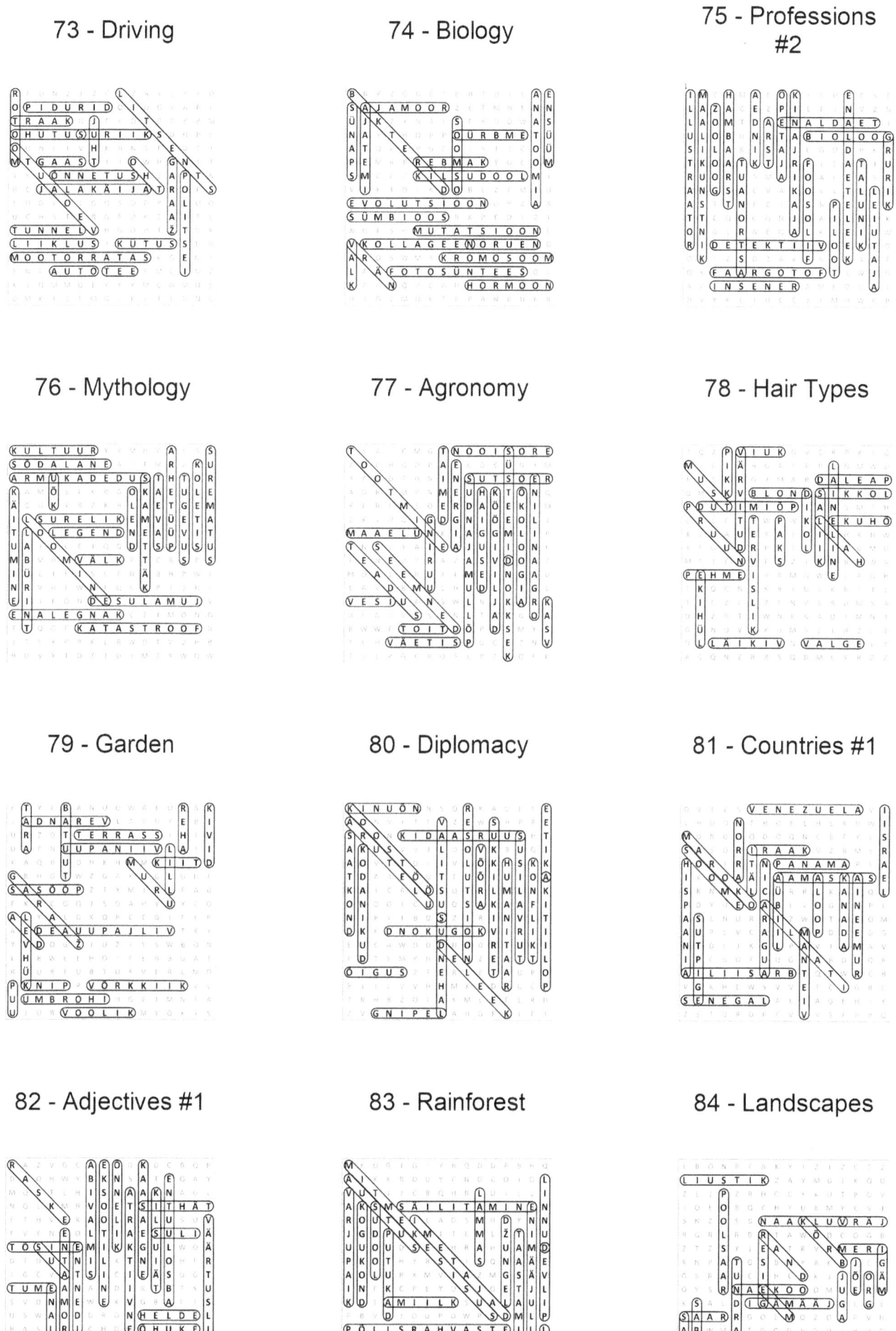

85 - Visual Arts

86 - Plants

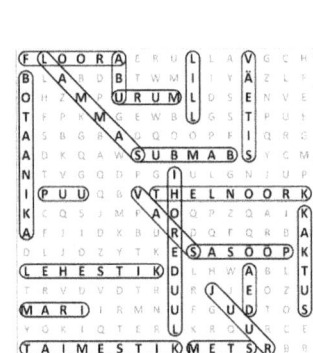

87 - Boxing

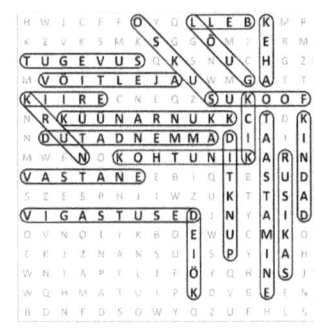

88 - Countries #2

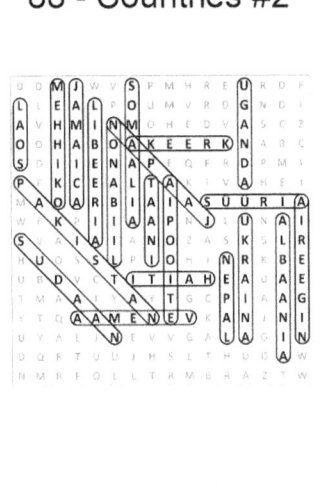

89 - Adjectives #2

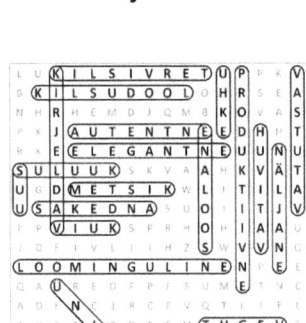

90 - Psychology

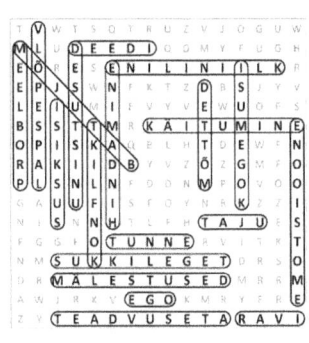

91 - Math

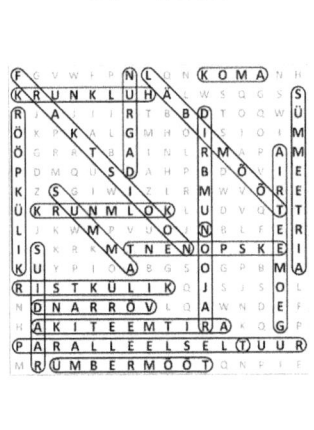

92 - Water

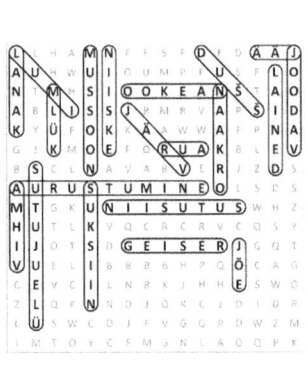

93 - Activities

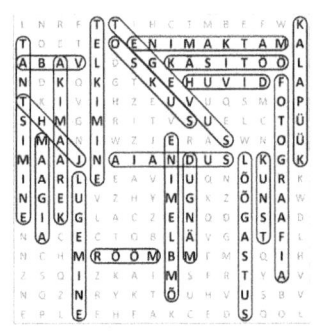

94 - Business

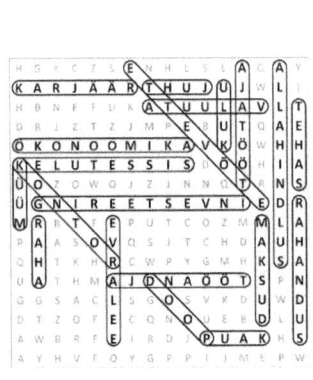

95 - Literature

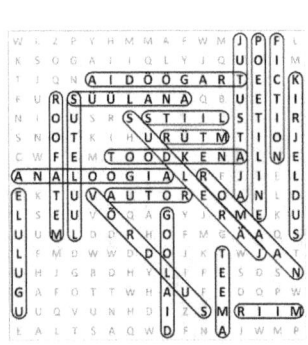

96 - Geography

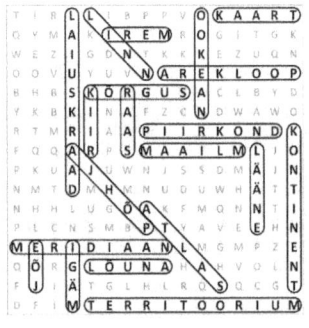

97 - Jazz

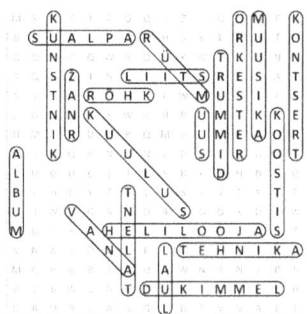

98 - Nature

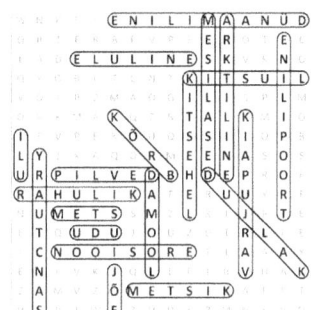

99 - Vacation #2

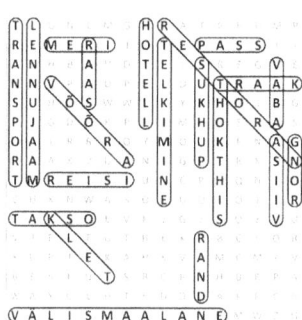

100 - Electricity

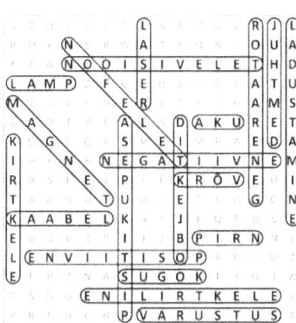

Dictionary

Activities
Tegevused

Activity	Tegevus
Art	Kunst
Camping	Telkimine
Ceramics	Keraamika
Crafts	Käsitöö
Dancing	Tantsimine
Fishing	Kalapüük
Games	Mängud
Gardening	Aiandus
Hiking	Matkamine
Hunting	Jaht
Interests	Huvid
Leisure	Vaba
Magic	Maagia
Photography	Fotograafia
Pleasure	Rõõm
Reading	Lugemine
Relaxation	Lõõgastus
Sewing	Õmblemine
Skill	Oskus

Activities and Leisure
Tegevused ja Vaba Aeg

Art	Kunst
Baseball	Pesapall
Basketball	Korvpall
Boxing	Poks
Camping	Telkimine
Diving	Sukelduma
Fishing	Kalapüük
Gardening	Aiandus
Golf	Golf
Hiking	Matkamine
Hobbies	Hobid
Painting	Maal
Racing	Võidusõit
Relaxing	Lõõgastav
Soccer	Jalgpall
Surfing	Surfamine
Swimming	Ujumine
Tennis	Tennis
Travel	Reisimine
Volleyball	Võrkpall

Adjectives #1
Omadussõnad #1

Absolute	Absoluutne
Aromatic	Aromaatne
Artistic	Kunstiline
Attractive	Atraktiivne
Beautiful	Ilus
Dark	Tume
Exotic	Eksootiline
Generous	Helde
Happy	Õnnelik
Heavy	Raske
Helpful	Abivalmis
Honest	Aus
Identical	Identne
Important	Tähtis
Modern	Kaasaegne
Perfect	Täiuslik
Serious	Tõsine
Slow	Aeglane
Thin	Õhuke
Valuable	Väärtuslik

Adjectives #2
Omadussõnad #2

Authentic	Autentne
Creative	Loominguline
Descriptive	Kirjeldav
Dry	Kuiv
Elegant	Elegantne
Famous	Kuulus
Gifted	Andekas
Healthy	Tervislik
Hot	Kuum
Hungry	Näljane
Interesting	Huvitav
Natural	Looduslik
New	Uus
Productive	Produktiivne
Proud	Uhke
Responsible	Vastutav
Salty	Soolane
Sleepy	Unine
Strong	Tugev
Wild	Metsik

Agronomy
Agronoomia

Agriculture	Põllumajandus
Diseases	Haigused
Ecology	Ökoloogia
Energy	Energia
Environment	Keskkond
Erosion	Erosioon
Fertilizer	Väetis
Food	Toit
Growth	Kasv
Organic	Orgaaniline
Plants	Taimed
Pollution	Reostus
Production	Tootmine
Rural	Maaelu
Science	Teadus
Seeds	Seemned
Study	Uuring
Systems	Süsteemid
Vegetables	Köögiviljad
Water	Vesi

Airplanes
Lennukid

Adventure	Seiklus
Air	Õhk
Atmosphere	Atmosfäär
Balloon	Õhupall
Construction	Ehitus
Crew	Meeskond
Descent	Laskumine
Design	Disain
Direction	Suund
Engine	Mootor
Fuel	Kütus
Height	Kõrgus
History	Ajalugu
Hydrogen	Vesinik
Landing	Maandumine
Passenger	Reisija
Pilot	Piloot
Propellers	Propeller
Sky	Taevas
Turbulence	Turbulents

Algebra
Algebra

Diagram	Skeem
Division	Rajoon
Equation	Võrrand
Exponent	Eksponent
Factor	Tegur
False	Vale
Formula	Valem
Fraction	Fraktsioon
Graph	Graafik
Infinite	Lõpmatu
Linear	Lineaarne
Matrix	Maatriks
Number	Arv
Parenthesis	Sulg
Problem	Probleem
Simplify	Lihtsustama
Solution	Lahendus
Subtraction	Lahutamine
Variable	Muutuja
Zero	Null

Antarctica
Antarktika

Bay	Lahe
Birds	Linnud
Clouds	Pilved
Conservation	Säilitamine
Continent	Kontinent
Environment	Keskkond
Expedition	Ekspeditsioon
Geography	Geograafia
Glaciers	Liustike
Ice	Jää
Islands	Saared
Migration	Ränne
Minerals	Mineraalid
Peninsula	Poolsaar
Researcher	Teadlane
Rocky	Kivine
Scientific	Teaduslik
Temperature	Temperatuur
Topography	Topograafia
Water	Vesi

Antiques
Antiikesemed

Art	Kunst
Auction	Oksjon
Authentic	Autentne
Century	Sajand
Coins	Mündid
Collector	Koguja
Decorative	Dekoratiivne
Elegant	Elegantne
Furniture	Mööbel
Gallery	Galerii
Investment	Investeering
Jewelry	Ehted
Old	Vana
Price	Hind
Quality	Kvaliteet
Restoration	Taastamine
Sculpture	Skulptuur
Style	Stiil
Unusual	Ebaharilik
Value	Väärtus

Archeology
Arheoloogia

Analysis	Analüüs
Ancient	Iidne
Antiquity	Antiikajast
Bones	Luud
Descendant	Järeltulija
Era	Ajastu
Evaluation	Hindamine
Expert	Ekspert
Forgotten	Unustatud
Fossil	Fossiil
Fragments	Killud
Mystery	Mõistatus
Objects	Objektid
Pottery	Keraamika
Relic	Reliikvia
Researcher	Teadlane
Team	Meeskond
Temple	Tempel
Tomb	Haud
Unknown	Tundmatu

Art
Kunst

Ceramic	Keraamika
Complex	Keeruline
Composition	Koostis
Create	Luua
Expression	Väljendus
Figure	Joonis
Honest	Aus
Inspired	Inspireeritud
Mood	Tuju
Original	Originaal
Paintings	Maalid
Personal	Isiklik
Poetry	Luule
Portray	Kujutada
Sculpture	Skulptuur
Simple	Lihtne
Subject	Teema
Surrealism	Sürrealism
Symbol	Sümbol
Visual	Visuaalne

Art Supplies
Kunstitarbed

Acrylic	Akrüül
Brushes	Harjad
Camera	Kaamera
Chair	Tool
Charcoal	Süsi
Clay	Savi
Colors	Värvid
Creativity	Loovus
Easel	Molbert
Eraser	Kustutuskumm
Glue	Liim
Ideas	Ideed
Ink	Tint
Oil	Õli
Paper	Paber
Pastels	Pastellid
Pencils	Pliiatsid
Table	Laud
Water	Vesi
Watercolors	Akvarellid

Astronomy
Astronoomia

Asteroid	Asteroid
Astronaut	Astronaut
Astronomer	Astronoom
Constellation	Tähtkuju
Cosmos	Kosmos
Earth	Maa
Eclipse	Vajutus
Equinox	Pööripäev
Galaxy	Galaktika
Meteor	Meteoor
Moon	Kuu
Nebula	Udukogu
Observatory	Tähelepanu
Planet	Planeet
Radiation	Kiirgus
Rocket	Rakett
Satellite	Satelliit
Sky	Taevas
Supernova	Supernoova
Zodiac	Zodiac

Ballet
Ballett

Applause	Aplaus
Artistic	Kunstiline
Audience	Publik
Ballerina	Baleriin
Choreography	Koreograafia
Composer	Helilooja
Dancers	Tantsijad
Gesture	Žest
Graceful	Graatsiline
Intensity	Intensiivsus
Muscles	Lihased
Music	Muusika
Orchestra	Orkester
Practice	Tava
Rehearsal	Peaproov
Rhythm	Rütm
Skill	Oskus
Solo	Soolo
Style	Stiil
Technique	Tehnika

Barbecues
Grillid

Chicken	Kana
Children	Lapsed
Dinner	Õhtusöök
Family	Perekond
Food	Toit
Forks	Kahvlid
Friends	Sõbrad
Fruit	Puuviljad
Games	Mängud
Grill	Grill
Hot	Kuum
Hunger	Nälg
Knives	Noad
Music	Muusika
Salads	Salatid
Salt	Sool
Sauce	Kaste
Summer	Suvi
Tomatoes	Tomatid
Vegetables	Köögiviljad

Beauty
Ilu

Charm	Võlu
Color	Värv
Cosmetics	Kosmeetika
Curls	Lokid
Elegance	Elegants
Elegant	Elegantne
Fragrance	Aroom
Grace	Armu
Lipstick	Huulepulk
Makeup	Meik
Mascara	Ripsmetušš
Mirror	Peegel
Oils	Õlid
Photogenic	Fotogeenne
Products	Tooted
Scissors	Käärid
Services	Teenused
Shampoo	Šampoon
Skin	Nahk
Stylist	Stilist

Bees
Mesilased

Beneficial	Kasulik
Blossom	Õis
Diversity	Mitmekesisus
Ecosystem	Ökosüsteem
Flowers	Lilled
Food	Toit
Fruit	Puuviljad
Garden	Aed
Habitat	Elupaik
Hive	Taru
Honey	Mesi
Insect	Putukas
Plants	Taimed
Pollen	Õietolm
Pollinator	Tolmeldaja
Queen	Kuninganna
Smoke	Suits
Sun	Päike
Swarm	Sülem
Wax	Vaha

Biology
Bioloogia

Anatomy	Anatoomia
Bacteria	Bakterid
Cell	Kamber
Chromosome	Kromosoom
Collagen	Kollageen
Embryo	Embrüo
Enzyme	Ensüüm
Evolution	Evolutsioon
Hormone	Hormoon
Mammal	Imetaja
Mutation	Mutatsioon
Natural	Looduslik
Nerve	Närv
Neuron	Neuron
Osmosis	Osmoos
Photosynthesis	Fotosüntees
Protein	Valk
Reptile	Roomaja
Symbiosis	Sümbioos
Synapse	Sünaps

Birds
Linnud

Canary	Kanaari		
Chicken	Kana		
Crow	Vares		
Cuckoo	Kägu		
Duck	Part		
Eagle	Kotkas		
Egg	Muna		
Flamingo	Flamingo		
Goose	Hani		
Gull	Kajakas		
Heron	Haigur		
Ostrich	Jaanalind		
Parrot	Papagoi		
Peacock	Paabulind		
Pelican	Pelikani		
Penguin	Pingviin		
Sparrow	Varblane		
Stork	Toonekurg		
Swan	Luik		
Toucan	Tuukan		

Boats
Paadid

Anchor	Ankur
Buoy	Poi
Canoe	Kanuu
Crew	Meeskond
Dock	Dokk
Engine	Mootor
Ferry	Praam
Kayak	Süsta
Lake	Järv
Lifeboat	Päästepaat
Mast	Mast
Nautical	Mered
Ocean	Ookean
Raft	Parv
River	Jõe
Rope	Köis
Sailboat	Purjekas
Sailor	Madrus
Sea	Meri
Yacht	Jaht

Books
Raamatud

Adventure	Seiklus
Author	Autor
Collection	Kogumine
Context	Kontekst
Duality	Duaalsus
Epic	Eepiline
Historical	Ajalooline
Humorous	Humoorikas
Inventive	Leidlik
Literary	Kirjandus
Narrator	Jutustaja
Novel	Romaan
Page	Leht
Poem	Luuletus
Poetry	Luule
Reader	Lugeja
Relevant	Asjakohane
Story	Lugu
Tragic	Traagiline
Written	Kirjalik

Boxing
Poks

Bell	Bell
Body	Keha
Chin	Lõug
Corner	Nurk
Elbow	Küünarnukk
Exhausted	Ammendatud
Fighter	Võitleja
Fist	Rusikas
Focus	Fookus
Gloves	Kindad
Injuries	Vigastused
Kick	Kick
Opponent	Vastane
Points	Punktid
Quick	Kiire
Recovery	Taastamine
Referee	Kohtunik
Ropes	Köied
Skill	Oskus
Strength	Tugevus

Buildings
Hooned

Apartment	Korter
Barn	Ait
Cabin	Salongi
Castle	Loss
Cinema	Kino
Embassy	Saatkond
Factory	Tehas
Hospital	Haigla
Hostel	Hostel
Hotel	Hotell
Laboratory	Labor
Museum	Muuseum
Observatory	Tähelepanu
School	Kool
Stadium	Staadion
Supermarket	Supermarket
Tent	Telk
Theater	Teater
Tower	Torn
University	Ülikool

Business
Äri

Budget	Eelarve
Career	Karjäär
Company	Ettevõte
Cost	Kulu
Currency	Valuuta
Discount	Allahindlus
Economics	Ökonoomika
Employee	Töötaja
Employer	Tööandja
Factory	Tehas
Finance	Rahandus
Income	Sissetulek
Investment	Investeering
Manager	Juht
Merchandise	Kaup
Money	Raha
Office	Kontor
Sale	Müük
Shop	Pood
Taxes	Maksud

Camping
Kämping

Adventure	Seiklus
Animals	Loomad
Cabin	Salongi
Canoe	Kanuu
Compass	Kompass
Fire	Tulekahju
Forest	Mets
Fun	Lõbu
Hammock	Võrkkiik
Hat	Müts
Hunting	Jaht
Insect	Putukas
Lake	Järv
Map	Kaart
Moon	Kuu
Mountain	Mägi
Nature	Loodus
Rope	Köis
Tent	Telk
Trees	Puud

Chemistry
Keemia

Acid	Hape
Alkaline	Leelis
Atomic	Aatomi
Carbon	Süsinik
Catalyst	Katalüsaator
Chlorine	Kloor
Electron	Elektron
Enzyme	Ensüüm
Gas	Gaas
Heat	Kuumus
Hydrogen	Vesinik
Ion	Ioon
Liquid	Vedelik
Molecule	Molekul
Nuclear	Tuuma
Organic	Orgaaniline
Oxygen	Hapnik
Salt	Sool
Temperature	Temperatuur
Weight	Kaal

Chocolate
Šokolaad

Antioxidant	Antioksüdant
Aroma	Aroom
Artisanal	Käsitöö
Bitter	Kibe
Cacao	Kakao
Calories	Kaloreid
Candy	Kommid
Caramel	Karamell
Coconut	Kookospähkel
Delicious	Maitsev
Exotic	Eksootiline
Favorite	Lemmik
Ingredient	Koostisosa
Peanuts	Maapähklid
Quality	Kvaliteet
Recipe	Retsept
Sugar	Suhkur
Sweet	Magus
Taste	Maitse
To Eat	Süüa

Clothes
Riided

Apron	Põll
Belt	Vöö
Blouse	Pluus
Bracelet	Käevõru
Coat	Mantel
Dress	Kleit
Fashion	Mood
Gloves	Kindad
Hat	Müts
Jacket	Jope
Jeans	Teksad
Jewelry	Ehted
Pajamas	Pidžaama
Pants	Püksid
Sandals	Sandaalid
Scarf	Sall
Shirt	Särk
Shoe	Kinga
Skirt	Seelik
Sweater	Kampsun

Countries #1
Riigid #1

Brazil	Brasiilia
Canada	Kanada
Egypt	Egiptus
Finland	Soome
Germany	Saksamaa
Iraq	Iraak
Israel	Iisrael
Italy	Itaalia
Latvia	Läti
Libya	Liibüa
Morocco	Maroko
Nicaragua	Nicaragua
Norway	Norra
Panama	Panama
Poland	Poola
Romania	Rumeenia
Senegal	Senegal
Spain	Hispaania
Venezuela	Venezuela
Vietnam	Vietnam

Countries #2
Riigid #2

Albania	Albaania
Denmark	Taani
Ethiopia	Etioopia
Greece	Kreeka
Haiti	Haiti
Jamaica	Jamaica
Japan	Jaapan
Laos	Laos
Lebanon	Liibanon
Liberia	Libeeria
Mexico	Mehhiko
Nepal	Nepal
Nigeria	Nigeeria
Pakistan	Pakistan
Russia	Venemaa
Somalia	Somaalia
Sudan	Sudaan
Syria	Süüria
Uganda	Uganda
Ukraine	Ukraina

Creativity
Loovus

Artistic	Kunstiline
Authenticity	Autentsus
Changing	Muutuv
Clarity	Selgus
Dramatic	Dramaatiline
Emotions	Emotsioone
Expression	Väljendus
Fluidity	Voolavus
Ideas	Ideed
Image	Pilt
Imagination	Kujutlusvõime
Impression	Mulje
Intensity	Intensiivsus
Intuition	Intuitsioon
Inventive	Leidlik
Sensation	Tunne
Skill	Oskus
Spontaneous	Spontaanne
Visions	Nägemused
Vitality	Elujõudu

Days and Months
Päevad ja Kuud

April	Aprill
August	August
Calendar	Kalender
February	Veebruar
Friday	Reede
January	Jaanuar
July	Juuli
March	Märts
Monday	Esmaspäev
Month	Kuu
November	November
October	Oktoober
Saturday	Laupäev
September	September
Sunday	Pühapäev
Thursday	Neljapäev
Tuesday	Teisipäev
Wednesday	Kolmapäev
Week	Nädal
Year	Aasta

Diplomacy
Diplomaatia

Adviser	Nõunik
Ambassador	Suursaadik
Citizens	Kodanikud
Community	Kogukond
Conflict	Konflikt
Cooperation	Koostöö
Discussion	Arutelu
Embassy	Saatkond
Ethics	Eetika
Foreign	Võõra
Government	Valitsus
Humanitarian	Humanitaar
Integrity	Terviklikkus
Justice	Õigus
Languages	Keeled
Politics	Poliitika
Resolution	Resolutsioon
Security	Turvalisus
Solution	Lahendus
Treaty	Leping

Disease
Haigus

Abdominal	Kõhu
Allergies	Allergiad
Bacterial	Bakteriaalne
Body	Keha
Bones	Luud
Chronic	Krooniline
Contagious	Nakkav
Genetic	Geneetiline
Health	Tervis
Heart	Süda
Hereditary	Pärilik
Immunity	Immuunsus
Inflammation	Põletik
Lumbar	Nimme
Neuropathy	Neuropaatia
Pulmonary	Kopsu
Respiratory	Hingamisteede
Syndrome	Sündroom
Therapy	Ravi
Weak	Nõrk

Driving
Sõitmine

Accident	Õnnetus
Brakes	Pidurid
Car	Auto
Danger	Oht
Driver	Juht
Fuel	Kütus
Garage	Garaaž
Gas	Gaas
License	Litsents
Map	Kaart
Motor	Mootor
Motorcycle	Mootorratas
Pedestrian	Jalakäija
Police	Politsei
Road	Tee
Safety	Ohutus
Speed	Kiirus
Traffic	Liiklus
Truck	Veoauto
Tunnel	Tunnel

Electricity
Elekter

Battery	Aku
Bulb	Pirn
Cable	Kaabel
Electric	Elektriline
Electrician	Elektrik
Equipment	Varustus
Generator	Generaator
Lamp	Lamp
Laser	Laser
Magnet	Magnet
Negative	Negatiivne
Network	Võrk
Objects	Objektid
Positive	Positiivne
Quantity	Kogus
Socket	Pistikupesa
Storage	Ladustamine
Telephone	Telefon
Television	Televisioon
Wires	Juhtmed

Energy
Energia

Battery	Aku
Carbon	Süsinik
Diesel	Diisel
Electric	Elektriline
Electron	Elektron
Entropy	Entroopia
Environment	Keskkond
Fuel	Kütus
Gasoline	Bensiin
Heat	Kuumus
Hydrogen	Vesinik
Industry	Tööstus
Motor	Mootor
Nuclear	Tuuma
Photon	Footon
Pollution	Reostus
Renewable	Uuendav
Steam	Aur
Turbine	Turbiin
Wind	Tuul

Engineering
Engineering

Angle	Nurk
Axis	Telg
Calculation	Arvutus
Construction	Ehitus
Depth	Sügavus
Diagram	Skeem
Diameter	Läbimõõt
Diesel	Diisel
Distribution	Levitamine
Energy	Energia
Gears	Käik
Levers	Hoovad
Liquid	Vedelik
Machine	Masin
Measurement	Mõõtmine
Motor	Mootor
Propulsion	Poolt
Stability	Stabiilsus
Strength	Tugevus
Structure	Struktuur

Ethics
Eetika

Altruism	Altruism
Benevolent	Heatahtlik
Compassion	Kaastunne
Cooperation	Koostöö
Dignity	Väärikus
Honesty	Ausus
Humanity	Inimkond
Individualism	Individualism
Integrity	Terviklikkus
Kindness	Headus
Optimism	Optimism
Patience	Kannatlikkust
Philosophy	Filosoofia
Rationality	Otstarbekuse
Realism	Realism
Reasonable	Mõistlik
Respectful	Lugupidav
Tolerance	Sallivus
Values	Väärtused
Wisdom	Tarkus

Family
Perekond

Ancestor	Esivanem
Aunt	Tädi
Brother	Vend
Child	Laps
Childhood	Lapsepõlv
Children	Lapsed
Cousin	Nõbu
Daughter	Tütar
Father	Isa
Grandchild	Lapselaps
Grandfather	Vanaisa
Grandson	Pojapoeg
Husband	Abikaasa
Mother	Ema
Nephew	Vennapoeg
Niece	Vennatütar
Paternal	Isapoolse
Sister	Õde
Uncle	Onu
Wife	Naine

Farm #1
Talu #1

Agriculture	Põllumajandus
Bee	Mesilane
Bison	Piison
Calf	Vasikas
Cat	Kass
Chicken	Kana
Cow	Lehm
Crow	Vares
Dog	Koer
Donkey	Eesel
Fence	Tara
Fertilizer	Väetis
Field	Põld
Goat	Kits
Hay	Hein
Honey	Mesi
Horse	Hobune
Rice	Riis
Seeds	Seemned
Water	Vesi

Farm #2
Talu #2

Animals	Loomad
Barley	Odra
Barn	Ait
Beehive	Mesitaru
Corn	Mais
Duck	Part
Farmer	Talunik
Food	Toit
Fruit	Puuviljad
Irrigation	Niisutus
Lamb	Lambaliha
Llama	Laama
Meadow	Niit
Milk	Piim
Orchard	Viljapuuaed
Sheep	Lambad
Shepherd	Karjane
Tractor	Traktor
Wheat	Nisu
Windmill	Tuuleveski

Flowers
Lilled

Bouquet	Kimp
Clover	Ristik
Daffodil	Nartsiss
Daisy	Daisy
Dandelion	Võilill
Gardenia	Gardeenia
Hibiscus	Hibisk
Jasmine	Jasmiin
Lavender	Lavendel
Lilac	Lilla
Lily	Liilia
Magnolia	Magnoolia
Orchid	Orhidee
Passionflower	Kannatuslill
Peony	Pojeng
Petal	Kroonleht
Plumeria	Plumeria
Poppy	Unimagun
Sunflower	Päevalill
Tulip	Tulbi

Food #1
Toit #1

Apricot	Aprikoos
Barley	Odra
Basil	Basiilik
Carrot	Porgand
Cinnamon	Kaneel
Garlic	Küüslauk
Juice	Mahl
Lemon	Sidrun
Milk	Piim
Onion	Sibul
Peanut	Maapähkel
Pear	Pirn
Salad	Salat
Salt	Sool
Soup	Supp
Spinach	Spinat
Strawberry	Maasikas
Sugar	Suhkur
Tuna	Tuunikala
Turnip	Naeris

Food #2
Toit #2

Apple	Õun
Artichoke	Artišokk
Banana	Banaan
Broccoli	Brokkoli
Celery	Seller
Cheese	Juust
Cherry	Kirss
Chicken	Kana
Chocolate	Šokolaad
Egg	Muna
Eggplant	Baklažaan
Fish	Kala
Grape	Viinamarja
Ham	Sink
Kiwi	Kiivi
Mushroom	Seen
Rice	Riis
Tomato	Tomat
Wheat	Nisu
Yogurt	Jogurt

Force and Gravity
Jõud ja Gravitatsioon

Axis	Telg
Center	Keskus
Discovery	Avastus
Distance	Kaugus
Dynamic	Dünaamiline
Expansion	Laienemine
Friction	Hõõrdumise
Impact	Mõju
Magnetism	Magnetism
Mechanics	Mehaanika
Momentum	Hoogu
Motion	Liikumine
Orbit	Orbiit
Physics	Füüsika
Pressure	Rõhk
Properties	Omadused
Speed	Kiirus
Time	Aeg
Universal	Universaalne
Weight	Kaal

Fruit
Puuviljad

Apple	Õun
Apricot	Aprikoos
Avocado	Avokaado
Banana	Banaan
Berry	Mari
Cherry	Kirss
Coconut	Kookospähkel
Fig	Joon
Grape	Viinamarja
Guava	Guajaav
Kiwi	Kiivi
Lemon	Sidrun
Mango	Mango
Melon	Melon
Nectarine	Nektariin
Papaya	Papaia
Peach	Virsik
Pear	Pirn
Pineapple	Ananass
Raspberry	Vaarikas

Garden
Aed

Bench	Pink
Bush	Põõsas
Fence	Tara
Flower	Lill
Garage	Garaaž
Garden	Aed
Grass	Muru
Hammock	Võrkkiik
Hose	Voolik
Orchard	Viljapuuaed
Pond	Tiik
Porch	Veranda
Rake	Reha
Rocks	Kivid
Shovel	Kühvel
Terrace	Terrass
Trampoline	Batuut
Tree	Puu
Vine	Viinapuu
Weeds	Umbrohi

Gardening
Aiandus

Blossom	Õis
Botanical	Botaaniline
Bouquet	Kimp
Climate	Kliima
Compost	Kompost
Container	Konteiner
Dirt	Mustus
Edible	Söödav
Exotic	Eksootiline
Floral	Õie
Foliage	Lehestik
Hose	Voolik
Leaf	Leht
Moisture	Niiskus
Orchard	Viljapuuaed
Seasonal	Hooajaline
Seeds	Seemned
Soil	Muld
Species	Liik
Water	Vesi

Geography
Geograafia

Altitude	Kõrgus
Atlas	Atlas
City	Linn
Continent	Kontinent
Country	Riik
Hemisphere	Poolkera
Island	Saar
Latitude	Laiuskraad
Map	Kaart
Meridian	Meridiaan
Mountain	Mägi
North	Põhja
Ocean	Ookean
Region	Piirkond
River	Jõe
Sea	Meri
South	Lõuna
Territory	Territoorium
West	Lääne
World	Maailm

Geology
Geoloogia

Acid	Hape
Calcium	Kaltsium
Cavern	Koobas
Continent	Kontinent
Coral	Korall
Crystals	Kristallid
Cycles	Tsüklit
Earthquake	Maavärin
Erosion	Erosioon
Fossil	Fossiil
Geyser	Geiser
Lava	Lava
Layer	Kiht
Minerals	Mineraalid
Plateau	Platoo
Quartz	Kvarts
Salt	Sool
Stalactite	Stalaktiit
Stone	Kivi
Volcano	Vulkaan

Geometry
Geomeetriline

Angle	Nurk
Calculation	Arvutus
Circle	Ring
Curve	Kõver
Diameter	Läbimõõt
Dimension	Mõõde
Equation	Võrrand
Height	Kõrgus
Horizontal	Horisontaalne
Logic	Loogika
Mass	Mass
Median	Mediaan
Number	Arv
Parallel	Paralleelselt
Proportion	Osa
Segment	Segment
Surface	Pind
Symmetry	Sümmeetria
Theory	Teooria
Triangle	Kolmnurk

Government
Valitsus

Citizenship	Kodakondsus
Civil	Tsiviil
Constitution	Põhiseadus
Democracy	Demokraatia
Discussion	Arutelu
District	Linnaosa
Equality	Võrdsus
Independence	Iseseisvus
Judicial	Õiguslik
Justice	Õigus
Law	Seadus
Leader	Juht
Liberty	Vabadus
Monument	Monument
Nation	Rahvus
Peaceful	Rahulik
Politics	Poliitika
Speech	Kõne
State	Riik
Symbol	Sümbol

Hair Types
Juuste Tüübid

Bald	Kiilas
Black	Must
Blond	Blond
Braided	Põimitud
Braids	Paelad
Brown	Pruun
Colored	Värvitud
Curls	Lokid
Curly	Lokkis
Dry	Kuiv
Gray	Hall
Healthy	Tervislik
Long	Pikk
Shiny	Läikiv
Short	Lühike
Soft	Pehme
Thick	Paks
Thin	Õhuke
Wavy	Laineline
White	Valge

Health and Wellness #1
Tervis ja Heaolu #1

Active	Aktiivne
Bacteria	Bakterid
Bones	Luud
Clinic	Kliinik
Doctor	Arst
Fracture	Luumurd
Habit	Harjumus
Height	Kõrgus
Hormones	Hormoonid
Hunger	Nälg
Injury	Vigastus
Medicine	Ravim
Muscles	Lihased
Nerves	Närve
Pharmacy	Apteek
Reflex	Refleks
Relaxation	Lõõgastus
Skin	Nahk
Treatment	Ravi
Virus	Viirus

Health and Wellness #2
Tervis ja Heaolu #2

Allergy	Allergia
Anatomy	Anatoomia
Appetite	Isu
Blood	Veri
Calorie	Kalorsusega
Dehydration	Dehüdratsioon
Diet	Dieet
Disease	Haigus
Energy	Energia
Genetics	Geneetika
Healthy	Tervislik
Hospital	Haigla
Hygiene	Hügieen
Infection	Nakkus
Massage	Massaaž
Nutrition	Toitumine
Recovery	Taastamine
Stress	Stress
Vitamin	Vitamiin
Weight	Kaal

Herbalism
Herbalism

Aromatic	Aromaatne
Basil	Basiilik
Beneficial	Kasulik
Culinary	Kulinaar
Fennel	Apteegitill
Flavor	Maitse
Flower	Lill
Garden	Aed
Garlic	Küüslauk
Green	Roheline
Ingredient	Koostisosa
Lavender	Lavendel
Marjoram	Marjoram
Mint	Piparmünt
Oregano	Pune
Parsley	Petersell
Plant	Taim
Rosemary	Rosmariin
Saffron	Safran
Tarragon	Estragon

Hiking
Matkamine

Animals	Loomad
Boots	Saapad
Camping	Telkimine
Cliff	Kalju
Climate	Kliima
Guides	Juhendid
Hazards	Ohud
Heavy	Raske
Map	Kaart
Mountain	Mägi
Nature	Loodus
Orientation	Orientatsioon
Parks	Park
Preparation	Ettevalmistus
Stones	Kivid
Summit	Tippkohtumine
Sun	Päike
Tired	Väsinud
Water	Vesi
Wild	Metsik

House
Maja

Attic	Pööning
Broom	Luud
Curtains	Kardinad
Door	Uks
Fence	Tara
Fireplace	Kamin
Floor	Põrand
Furniture	Mööbel
Garage	Garaaž
Garden	Aed
Keys	Võtmed
Kitchen	Köök
Lamp	Lamp
Library	Raamatukogu
Mirror	Peegel
Roof	Katus
Room	Tuba
Shower	Dušš
Wall	Sein
Window	Aken

Human Body
Inimkeha

Ankle	Pahkluu
Blood	Veri
Bones	Luud
Brain	Aju
Chin	Lõug
Ear	Kõrv
Elbow	Küünarnukk
Face	Nägu
Finger	Sõrm
Hand	Käsi
Head	Pea
Heart	Süda
Jaw	Lõualuu
Knee	Põlv
Leg	Jalg
Mouth	Suu
Neck	Kael
Nose	Nina
Shoulder	Õlg
Skin	Nahk

Jazz
Jazz

Album	Album
Applause	Aplaus
Artist	Kunstnik
Composer	Helilooja
Composition	Koostis
Concert	Kontsert
Drums	Trummid
Emphasis	Rõhk
Famous	Kuulus
Favorites	Lemmikud
Genre	Žanr
Music	Muusika
New	Uus
Old	Vana
Orchestra	Orkester
Rhythm	Rütm
Song	Laul
Style	Stiil
Talent	Talent
Technique	Tehnika

Kitchen
Köök

Apron	Põll
Bowl	Kauss
Chopsticks	Söögipulgad
Cups	Tass
Food	Toit
Forks	Kahvlid
Freezer	Sügavkülmik
Grill	Grill
Jar	Purk
Jug	Kann
Kettle	Veekeetja
Knives	Noad
Napkin	Salvrätik
Oven	Ahi
Recipe	Retsept
Refrigerator	Külmik
Spices	Vürtsid
Sponge	Käsna
Spoons	Lusikad
To Eat	Süüa

Landscapes
Maastikud

Beach	Rand
Cave	Koobas
Desert	Kõrb
Geyser	Geiser
Glacier	Liustik
Hill	Mäe
Iceberg	Jäämägi
Island	Saar
Lake	Järv
Mountain	Mägi
Oasis	Oaas
Ocean	Ookean
Peninsula	Poolsaar
River	Jõe
Sea	Meri
Swamp	Soo
Tundra	Tundra
Valley	Org
Volcano	Vulkaan
Waterfall	Juga

Literature
Kirjandus

Analogy	Analoogia
Analysis	Analüüs
Anecdote	Anekdoot
Author	Autor
Biography	Elulugu
Comparison	Võrdlus
Conclusion	Järeldus
Description	Kirjeldus
Dialogue	Dialoog
Fiction	Fiction
Metaphor	Metafoor
Narrator	Jutustaja
Novel	Romaan
Poem	Luuletus
Poetic	Poeetiline
Rhyme	Riim
Rhythm	Rütm
Style	Stiil
Theme	Teema
Tragedy	Tragöödia

Mammals
Imetajad

Bear	Karu
Beaver	Kobras
Bull	Pull
Cat	Kass
Coyote	Koiott
Dog	Koer
Dolphin	Delfiin
Elephant	Elevant
Fox	Rebane
Giraffe	Kaelkirjak
Gorilla	Gorilla
Horse	Hobune
Kangaroo	Känguru
Lion	Lõvi
Monkey	Ahv
Rabbit	Küülik
Sheep	Lambad
Whale	Vaal
Wolf	Hunt
Zebra	Sebra

Math
Matemaatika

Angles	Nurgad
Arithmetic	Aritmeetika
Circumference	Ümbermõõt
Decimal	Koma
Diameter	Läbimõõt
Division	Rajoon
Equation	Võrrand
Exponent	Eksponent
Fraction	Fraktsioon
Geometry	Geomeetria
Numbers	Numbrid
Parallel	Paralleelselt
Parallelogram	Rööpkülik
Polygon	Hulknurk
Radius	Raadius
Rectangle	Ristkülik
Square	Ruut
Sum	Summa
Symmetry	Sümmeetria
Triangle	Kolmnurk

Measurements
Mõõtmised

Byte	Bait
Centimeter	Sentimeeter
Decimal	Koma
Degree	Kraad
Depth	Sügavus
Gram	Gramm
Height	Kõrgus
Inch	Toll
Kilogram	Kilogramm
Kilometer	Kilomeetri
Length	Pikkus
Liter	Liiter
Mass	Mass
Meter	Meeter
Minute	Minut
Ounce	Unts
Pint	Pint
Ton	Tonn
Weight	Kaal
Width	Laius

Meditation
Meditatsioon

Acceptance	Vastuvõtt
Attention	Tähelepanu
Awake	Ärkvel
Breathing	Hingamine
Calm	Rahulik
Clarity	Selgus
Compassion	Kaastunne
Emotions	Emotsioone
Gratitude	Tänu
Habits	Harjumused
Kindness	Headus
Mental	Vaimne
Mind	Meeles
Movement	Liikumine
Music	Muusika
Nature	Loodus
Peace	Rahu
Perspective	Perspektiiv
Silence	Vaikus
Thoughts	Mõtted

Music
Muusika

Album	Album
Ballad	Ballaad
Chorus	Koor
Classical	Klassikaline
Eclectic	Eklektiline
Harmonic	Harmooniline
Harmony	Harmoonia
Lyrical	Lüüriline
Melody	Meloodia
Microphone	Mikrofon
Musical	Muusikaline
Musician	Muusik
Opera	Ooper
Poetic	Poeetiline
Recording	Salvestamine
Rhythm	Rütm
Rhythmic	Rütmiline
Sing	Laulma
Singer	Laulja
Vocal	Vokaal

Musical Instruments
Muusikariistad

Banjo	Banjo
Bassoon	Fagott
Cello	Tšello
Clarinet	Klarnet
Drum	Trumm
Flute	Flööt
Gong	Gong
Guitar	Kitarr
Harmonica	Suupill
Harp	Harf
Mandolin	Mandoliin
Marimba	Marimba
Oboe	Oboe
Percussion	Löökpillid
Piano	Klaver
Saxophone	Saksofon
Tambourine	Tamburiin
Trombone	Tromboon
Trumpet	Trompet
Violin	Viiul

Mythology
Mütoloogia

Archetype	Arhetüüp
Behavior	Käitumine
Creation	Loomine
Creature	Olend
Culture	Kultuur
Deities	Jumalused
Disaster	Katastroof
Heaven	Taevas
Hero	Kangelane
Immortality	Surematus
Jealousy	Armukadedus
Labyrinth	Labürint
Legend	Legend
Lightning	Välk
Monster	Koletis
Mortal	Surelik
Revenge	Kättemaks
Strength	Tugevus
Thunder	Kõu
Warrior	Sõdalane

Nature
Iseloom

Animals	Loomad
Arctic	Arktiline
Beauty	Ilu
Bees	Mesilased
Cliffs	Kaljud
Clouds	Pilved
Desert	Kõrb
Dynamic	Dünaamiline
Erosion	Erosioon
Fog	Udu
Foliage	Lehestik
Forest	Mets
Glacier	Liustik
River	Jõe
Sanctuary	Sanctuary
Serene	Rahulik
Shelter	Varjupaik
Tropical	Troopiline
Vital	Eluline
Wild	Metsik

Numbers
Numbrid

Decimal	Koma
Eight	Kaheksa
Eighteen	Kaheksateist
Fifteen	Viisteist
Five	Viis
Four	Neli
Fourteen	Neliteist
Nine	Üheksa
Nineteen	Üheksateist
One	Üks
Seven	Seitse
Seventeen	Seitseteist
Six	Kuus
Sixteen	Kuusteist
Ten	Kümme
Thirteen	Kolmteist
Three	Kolm
Twelve	Kaksteist
Twenty	Kakskümmend
Two	Kaks

Nutrition
Toitumine

Appetite	Isu
Bitter	Kibe
Calories	Kaloreid
Carbohydrates	Süsivesikuid
Diet	Dieet
Digestion	Seedimine
Edible	Söödav
Fermentation	Käärimine
Flavor	Maitse
Habits	Harjumused
Health	Tervis
Healthy	Tervislik
Liquids	Vedelike
Nutrient	Toitaine
Proteins	Valgud
Quality	Kvaliteet
Sauce	Kaste
Toxin	Toksiin
Vitamin	Vitamiin
Weight	Kaal

Ocean
Ookean

Algae	Vetikad
Coral	Korall
Crab	Krabi
Dolphin	Delfiin
Eel	Angerjas
Fish	Kala
Jellyfish	Meduus
Octopus	Kaheksajalg
Oyster	Auster
Reef	Kari
Salt	Sool
Seaweed	Merevetikad
Shark	Hai
Shrimp	Krevetid
Sponge	Käsna
Storm	Torm
Tides	Loodete
Tuna	Tuunikala
Turtle	Kilpkonn
Whale	Vaal

Philanthropy
Filantroopia

Challenges	Väljakutsed
Charity	Heategevus
Children	Lapsed
Community	Kogukond
Contacts	Kontaktid
Finance	Rahandus
Funds	Vahendid
Generosity	Suuremeelsus
Global	Globaalne
Goals	Eesmärk
Groups	Rühmad
History	Ajalugu
Honesty	Ausus
Humanity	Inimkond
Mission	Missioon
Need	Vaja
People	Inimesed
Programs	Programmid
Public	Avalik
Youth	Noorus

Physics
Füüsika

Acceleration	Kiirendus
Atom	Aatom
Chaos	Kaos
Chemical	Keemiline
Density	Tihedus
Electron	Elektron
Engine	Mootor
Expansion	Laienemine
Formula	Valem
Frequency	Sagedus
Gas	Gaas
Magnetism	Magnetism
Mass	Mass
Mechanics	Mehaanika
Molecule	Molekul
Nuclear	Tuuma
Particle	Osake
Relativity	Suhtelisus
Universal	Universaalne
Velocity	Kiirus

Plants
Taimed

Bamboo	Bambus
Bean	Uba
Berry	Mari
Botany	Botaanika
Bush	Põõsas
Cactus	Kaktus
Fertilizer	Väetis
Flora	Floora
Flower	Lill
Foliage	Lehestik
Forest	Mets
Garden	Aed
Grass	Muru
Ivy	Luuderohi
Moss	Sammal
Petal	Kroonleht
Root	Juur
Stem	Vars
Tree	Puu
Vegetation	Taimestik

Professions #1
Ametialad #1

Ambassador	Suursaadik
Astronomer	Astronoom
Attorney	Advokaat
Banker	Pankur
Cartographer	Kartograaf
Coach	Treener
Dancer	Tantsija
Doctor	Arst
Editor	Toimetaja
Firefighter	Tuletõrjuja
Geologist	Geoloog
Hunter	Jahimees
Jeweler	Juveliir
Musician	Muusik
Nurse	Õde
Pianist	Pianist
Plumber	Torumees
Psychologist	Psühholoog
Sailor	Madrus
Tailor	Rätsep

Professions #2
Ametialad #2

Astronaut	Astronaut
Biologist	Bioloog
Dentist	Hambaarst
Detective	Detektiiv
Engineer	Insener
Farmer	Talunik
Gardener	Aednik
Illustrator	Illustraator
Inventor	Leiutaja
Journalist	Ajakirjanik
Linguist	Keeleteadlane
Painter	Maalikunstnik
Philosopher	Filosoof
Photographer	Fotograaf
Physician	Arst
Pilot	Piloot
Researcher	Teadlane
Surgeon	Kirurg
Teacher	Õpetaja
Zoologist	Zooloog

Psychology
Psühholoogia

Assessment	Hindamine
Behavior	Käitumine
Childhood	Lapsepõlv
Clinical	Kliiniline
Conflict	Konflikt
Dreams	Unistused
Ego	Ego
Emotions	Emotsioone
Experiences	Kogemusi
Ideas	Ideed
Influences	Mõjutab
Memories	Mälestused
Perception	Taju
Personality	Isiksus
Problem	Probleem
Reality	Tegelikkus
Sensation	Tunne
Therapy	Ravi
Thoughts	Mõtted
Unconscious	Teadvuseta

Rainforest
Vihmametsade

Amphibians	Kahepaiksed
Birds	Linnud
Botanical	Botaaniline
Climate	Kliima
Clouds	Pilved
Community	Kogukond
Diversity	Mitmekesisus
Indigenous	Põlisrahvaste
Insects	Putukad
Jungle	Džungel
Mammals	Imetajad
Moss	Sammal
Nature	Loodus
Preservation	Säilitamine
Refuge	Varjupaik
Respect	Austus
Restoration	Taastamine
Species	Liik
Survival	Ellujäämine
Valuable	Väärtuslik

Restaurant #2
Restoran #2

Beverage	Jook
Cake	Kook
Chair	Tool
Delicious	Maitsev
Dinner	Õhtusöök
Eggs	Munad
Fish	Kala
Fork	Kahvel
Fruit	Puuviljad
Ice	Jää
Lunch	Lõuna
Noodles	Nuudlid
Salad	Salat
Salt	Sool
Soup	Supp
Spices	Vürtsid
Spoon	Lusikas
Vegetables	Köögiviljad
Waiter	Kelner
Water	Vesi

Science
Teadus

Atom	Aatom
Chemical	Keemiline
Climate	Kliima
Data	Andmed
Evolution	Evolutsioon
Experiment	Katse
Fact	Fakt
Fossil	Fossiil
Gravity	Raskus
Hypothesis	Hüpotees
Laboratory	Labor
Method	Meetod
Minerals	Mineraalid
Molecules	Molekulid
Nature	Loodus
Organism	Organism
Particles	Osakesed
Physics	Füüsika
Plants	Taimed
Scientist	Teadlane

Science Fiction
Ulme

Atomic	Aatomi
Books	Raamatud
Chemicals	Kemikaalid
Cinema	Kino
Dystopia	Düstoopia
Explosion	Plahvatus
Extreme	Äärmuslik
Fantastic	Fantastiline
Fire	Tulekahju
Futuristic	Futuristlik
Galaxy	Galaktika
Illusion	Illusioon
Imaginary	Kujuteldav
Mysterious	Salapärane
Oracle	Oraakel
Planet	Planeet
Robots	Robotid
Technology	Tehnoloogia
Utopia	Utoopia
World	Maailm

Scientific Disciplines
Teaduslikud Distsipliinid

Anatomy	Anatoomia
Archaeology	Arheoloogia
Astronomy	Astronoomia
Biochemistry	Biokeemia
Biology	Bioloogia
Botany	Botaanika
Chemistry	Keemia
Ecology	Ökoloogia
Geology	Geoloogia
Immunology	Immunoloogia
Kinesiology	Kinesioloogia
Linguistics	Keeleteadus
Mechanics	Mehaanika
Meteorology	Meteoroloogia
Mineralogy	Mineraloogia
Neurology	Neuroloogia
Physiology	Füsioloogia
Psychology	Psühholoogia
Sociology	Sotsioloogia
Zoology	Zooloogia

Shapes
Kujundid

Arc	Kaar
Circle	Ring
Cone	Koonus
Corner	Nurk
Cube	Kuubik
Curve	Kõver
Cylinder	Silinder
Edges	Servad
Ellipse	Ellips
Hyperbola	Hüperbool
Line	Rida
Oval	Ovaal
Polygon	Hulknurk
Prism	Prisma
Pyramid	Püramiid
Rectangle	Ristkülik
Side	Pool
Sphere	Kera
Square	Ruut
Triangle	Kolmnurk

Spices
Vürtsid

Anise	Aniisi
Bitter	Kibe
Cardamom	Kardemon
Cinnamon	Kaneel
Clove	Nelk
Coriander	Koriandri
Cumin	Köömned
Curry	Karri
Fennel	Apteegitill
Fenugreek	Lambalääts
Flavor	Maitse
Garlic	Küüslauk
Ginger	Ingver
Nutmeg	Muskaatpähkel
Onion	Sibul
Paprika	Paprika
Saffron	Safran
Salt	Sool
Sweet	Magus
Vanilla	Vanill

Sport
Sport

Ability	Võime
Athlete	Sportlane
Body	Keha
Bones	Luud
Cardiovascular	Veresoonkonna
Coach	Treener
Cycling	Jalgrattasõit
Dancing	Tantsimine
Diet	Dieet
Endurance	Vastupidavus
Health	Tervis
Jogging	Sörkimine
Maximize	Maksimeerida
Metabolic	Metaboolne
Muscles	Lihased
Nutrition	Toitumine
Program	Programm
Sports	Sport
Strength	Tugevus
To Swim	Ujuma

The Media
Keskmine

Attitudes	Hoiakud
Commercial	Kaubanduslik
Communication	Teatis
Digital	Digitaalne
Edition	Väljaanne
Education	Haridus
Facts	Faktid
Funding	Rahastamine
Individual	Individuaalne
Industry	Tööstus
Local	Kohalik
Magazines	Ajakirjad
Network	Võrk
Newspapers	Ajalehed
Online	Online
Opinion	Arvamus
Photos	Fotod
Public	Avalik
Radio	Raadio
Television	Televisioon

Time
Aeg

Annual	Aastane
Before	Enne
Calendar	Kalender
Century	Sajand
Clock	Kell
Day	Päev
Decade	Kümnend
Early	Vara
Future	Tulevik
Hour	Tund
Minute	Minut
Month	Kuu
Morning	Hommik
Night	Öö
Noon	Keskpäev
Now	Nüüd
Soon	Varsti
Today	Täna
Week	Nädal
Year	Aasta

To Fill
Täitmiseks

Bag	Kott
Barrel	Tünn
Basket	Korv
Bottle	Pudel
Box	Kast
Bucket	Ämber
Carton	Karp
Crate	Kasti
Drawer	Sahtel
Envelope	Ümbrik
Folder	Kausta
Jar	Purk
Packet	Paket
Pocket	Tasku
Suitcase	Kohver
Tray	Salv
Tub	Vann
Tube	Toru
Vase	Vaas
Vessel	Laev

Town
Linn

Airport	Lennujaam
Bakery	Pagaritöö
Bank	Pank
Bookstore	Raamatupood
Cinema	Kino
Clinic	Kliinik
Florist	Lillepood
Gallery	Galerii
Hotel	Hotell
Library	Raamatukogu
Market	Turg
Museum	Muuseum
Pharmacy	Apteek
School	Kool
Stadium	Staadion
Store	Kauplus
Supermarket	Supermarket
Theater	Teater
University	Ülikool
Zoo	Loomaaed

Universe
Universumi

Asteroid	Asteroid
Astronomer	Astronoom
Astronomy	Astronoomia
Atmosphere	Atmosfäär
Celestial	Taevalik
Cosmic	Kosmiline
Darkness	Pimedus
Eon	Eon
Galaxy	Galaktika
Hemisphere	Poolkera
Horizon	Horisont
Latitude	Laiuskraad
Moon	Kuu
Orbit	Orbiit
Sky	Taevas
Solar	Päikese
Solstice	Pööripäev
Telescope	Teleskoop
Visible	Nähtav
Zodiac	Zodiac

Vacation #2
Puhkus #2

Airport	Lennujaam
Beach	Rand
Camping	Telkimine
Destination	Sihtkoht
Foreign	Võõra
Foreigner	Välismaalane
Holiday	Puhkus
Hotel	Hotell
Island	Saar
Journey	Reisi
Leisure	Vaba
Map	Kaart
Passport	Pass
Restaurant	Restoran
Sea	Meri
Taxi	Takso
Tent	Telk
Train	Rong
Transportation	Transport
Visa	Viisa

Vegetables
Köögiviljad

Artichoke	Artišokk
Broccoli	Brokkoli
Carrot	Porgand
Cauliflower	Lillkapsas
Celery	Seller
Cucumber	Kurk
Eggplant	Baklažaan
Garlic	Küüslauk
Ginger	Ingver
Mushroom	Seen
Onion	Sibul
Parsley	Petersell
Pea	Hernes
Pumpkin	Kõrvits
Radish	Redis
Salad	Salat
Shallot	Šalott
Spinach	Spinat
Tomato	Tomat
Turnip	Naeris

Vehicles
Sõidukid

Airplane	Lennuk
Ambulance	Kiirabi
Bicycle	Jalgratas
Boat	Paat
Bus	Buss
Car	Auto
Ferry	Praam
Helicopter	Helikopter
Motor	Mootor
Raft	Parv
Rocket	Rakett
Scooter	Roller
Submarine	Allveelaev
Subway	Metroo
Taxi	Takso
Tires	Rehvid
Tractor	Traktor
Train	Rong
Truck	Veoauto
Van	Van

Visual Arts
Visuaalne Kunst

Architecture	Arhitektuur
Artist	Kunstnik
Ceramics	Keraamika
Chalk	Kriit
Charcoal	Süsi
Clay	Savi
Composition	Koostis
Creativity	Loovus
Easel	Molbert
Film	Film
Masterpiece	Meistriteos
Painting	Maali
Pencil	Pliiats
Perspective	Perspektiiv
Photograph	Foto
Portrait	Portree
Sculpture	Skulptuur
Stencil	Šabloon
Varnish	Lakk
Wax	Vaha

Water
Vesi

Canal	Kanal
Damp	Niiske
Drinkable	Joodav
Evaporation	Aurustumine
Flood	Üleujutus
Frost	Külm
Geyser	Geiser
Hurricane	Orkaan
Ice	Jää
Irrigation	Niisutus
Lake	Järv
Moisture	Niiskus
Monsoon	Mussoon
Ocean	Ookean
Rain	Vihma
River	Jõe
Shower	Dušš
Snow	Lumi
Steam	Aur
Waves	Lained

Weather
Ilm

Atmosphere	Atmosfäär
Breeze	Imelihtne
Climate	Kliima
Cloud	Pilv
Drought	Põud
Dry	Kuiv
Fog	Udu
Hurricane	Orkaan
Ice	Jää
Lightning	Välk
Monsoon	Mussoon
Polar	Polaarne
Rainbow	Vikerkaar
Sky	Taevas
Storm	Torm
Temperature	Temperatuur
Thunder	Äike
Tornado	Tornaado
Tropical	Troopiline
Wind	Tuul

Congratulations

You made it!

We hope you enjoyed this book as much as we enjoyed making it. We do our best to make high quality games.
These puzzles are designed in a clever way for you to learn actively while having fun!

Did you love them?

A Simple Request

Our books exist thanks your reviews. Could you help us by leaving one now?

Here is a short link which will take you to your order review page:

BestBooksActivity.com/Review50

MONSTER CHALLENGE!

Challenge #1

Ready for Your Bonus Game? We use them all the time but they are not so easy to find. Here are **Synonyms**!

Note 5 words you discovered in each of the Puzzles noted below (#21, #36, #76) and try to find 2 synonyms for each word.

Note 5 Words from *Puzzle 21*

Words	Synonym 1	Synonym 2

Note 5 Words from *Puzzle 36*

Words	Synonym 1	Synonym 2

Note 5 Words from *Puzzle 76*

Words	Synonym 1	Synonym 2

Challenge #2

Now that you are warmed-up, note 5 words you discovered in each Puzzle noted below (#9, #17, #25) and try to find 2 antonyms for each word. How many lines can you do in 20 minutes?

Note 5 Words from **Puzzle 9**

Words	Antonym 1	Antonym 2

Note 5 Words from **Puzzle 17**

Words	Antonym 1	Antonym 2

Note 5 Words from **Puzzle 25**

Words	Antonym 1	Antonym 2

Challenge #3

Wonderful, this monster challenge is nothing to you!

Ready for the last one? Choose your 10 favorite words discovered in any of the Puzzles and note them below.

1.	6.
2.	7.
3.	8.
4.	9.
5.	10.

Now, using these words and within a maximum of six sentences, your challenge is to compose a text about a person, animal or place that you love!

Tip: You can use the last blank page of this book as a draft!

Your Writing:

Explore a Unique Store
Set Up **FOR YOU!**

BestActivityBooks.com/**TheStore**

Designed for Entertainment!

Light Up Your Brain With Unique **Gift Ideas**.

Access **Surprising** And **Essential Supplies!**

CHECK OUT OUR MONTHLY SELECTION NOW!

- Expertly Crafted Products -

NOTEBOOK:

SEE YOU SOON!

Linguas Classics Team

BESTACTIVITYBOOKS.COM/FREEGAMES